现代职业教育研究丛书

补足精神上的钙

——高职院校思想政治教育四论

朱玉华◎著

知识产权出版社
全国百佳图书出版单位

图书在版编目（CIP）数据

补足精神上的钙：高职院校思想政治教育四论/朱玉华著．—北京：知识产权出版社，2014．8

ISBN 978－7－5130－2917－9

Ⅰ．①补…　Ⅱ．①朱…　Ⅲ．①高等职业教育—思想政治教育—研究—中国　Ⅳ．①G711

中国版本图书馆CIP数据核字（2014）第191419号

内容提要

本书是作者对目前高职院校学生思想政治教育提出的研究结果。内容主要包括：全面了解教育对象，是做好高职院校思想政治教育的逻辑起点；高职学生宿舍，是高职院校思想政治教育工作的重要阵地；高职学生党建工作，是高职院校思想政治教育的重要引领；高职学生失范行为，是高职院校思想政治教育的严峻挑战；构建人才培养体系，是高职院校思想政治教育的重要制度保障。

责任编辑：蔡　虹　　**责任校对：**董志英

责任出版：孙婷婷

补足精神上的钙

——高职院校思想政治教育四论

朱玉华　著

出版发行：	知识产权出版社有限责任公司	网　　址：	http：//www. ipph. cn
社　　址：	北京市海淀区马甸南村1号	邮　　编：	100088
责编电话：	010－82000860转8324	责编邮箱：	caihong@ cnipr. com
发行电话：	010－82000860转8101/8102	发行传真：	010－82000893/82005070/82000270
印　　刷：	北京中献拓方科技发展有限公司	经　　销：	各大网上书店、新华书店及相关专业书店
开　　本：	787mm×1092mm　1/16	印　　张：	12. 25
版　　次：	2014年8月第1版	印　　次：	2014年8月第1次印刷
字　　数：	180千字	定　　价：	38. 00元

ISBN 978-7-5130-2917-9

自　序

如何提高高职学生思想政治教育工作的实效性和针对性，是长期困扰高等职业教育院校的重大课题。笔者身在高校思想政治教育工作第一线，对此深有体会，个中甘苦自有滋味在心头。思想政治理论课是高职院校开展学生思想政治教育工作的主渠道。毛泽东思想和中国特色社会主义理论体系概论课、思想道德修养与法律基础课、形势政策课构成高职院校思想政治理论课的主体内容。在教学实践中，我们常常会发现，一些学生往往将这些课程等同于中学时代的政治课，认为早已经学过了，被教育多年了，可以不用学了，一些学生在课堂上常常做与上课无关的事情。一些授课教师很无奈地表示，自己虽然满腔热情、精心备课，但在课上常常得不到学生的响应，觉得很有挫败感。有的老师甚至认为学生不可教。

事实上，仅靠传统单向传授式的教学方法进行思想政治教学工作，效果明显不会很好。在教育技术发展日新月异的今天，单纯地依靠教师一张嘴或者教师加 PPT 的授课模式是很难满足学生需要的。只有贴近学生生活，创新课堂授课模式，灵活采取多种教学方式，诸如专题教学、展示教学、音像教学、现场教学、模拟教学、体验教学、案例教学、研究性教学、访谈教学、角色扮演教学等，才能更好地吸引学生。一位大学校长论及思想政治课好老师的标准时言道，只有那些沉稳与激情并重、理性与情感并重、内容与形式并重、历史与现实并重的老师才能更好地吸引学生，教师课堂的讲授只有发自肺腑，触及灵魂，才能真正使学生内心认同，精神得到洗礼，理想最终升华，大学的育人理念才能真正得以实现。

全面了解教育对象，是做好高职院校思想政治教育的逻辑起点。高职学生的家庭教育背景、生活和学习状况，在很大程度上反映了他们的成长环境、价值取向和准备状态。同样是“90后”，高职学生与本科学生的区别在哪里？有什么样的共性和特质？当前，高职学生主体为“90后”，“90后”高职学生有其特殊性，他们半数以上是独生子女，相当部分来自农村贫困家庭，家庭收入偏低，父母受教育程度不高；上网聊天是他们课余时间的第一消遣，日常开支也是节衣缩食，打工兼职成为多数学生的无奈选择；与985、211等名牌大学相比，大多数学生学习动力不足，学习兴趣不大，学习目的不够明确，从中学老师“保姆式”的全程管理一进入管理相对轻松的大学，有相当比例的高职学生会呈现出散漫的学习生活状态，如不能尽快适应大学的学习和生活方式，对所学专业不感兴趣，对课程设置不满意，经常逃学、逃课，导致学习成绩不及格，甚至旷课节次累计达到退学标准……“90后”高职学生的特点对思想政治教育工作提出了很大的挑战。

高职学生宿舍，是高职院校思想政治教育工作的重要阵地。随着思想政治教育进宿舍、进社团、进网络的“三进”要求，学生宿舍作为学生日常生活与学习的重要场所，日益成为高校实现教书育人、管理育人、服务育人的重要载体。目前，高职院校学生宿舍管理存在的主要问题：一是学生宿舍管理不到位，相关职能部门没有形成合力；二是宿舍教育功能挖掘不足，辅导员深入宿舍开展深度辅导的力度不够；三是宿舍文化建设不到位，一些宿舍甚至沦为少数学生肆意妄行的乐园。学生德智体全面发展，根本途径是课堂内外相结合。因此，我们的思想政治教育要延伸到包括宿舍楼在内的学生日常生活的每一个角落，通过教师、辅导员融入到学生专业学习、职业选择、日常生活等方面，让校园里的空气也散发出教育的芳香！注意发挥学生宿舍在学生成长及道德品质教育中的作用，可借鉴哈佛大学、耶鲁大学推行的住宿学院制，体现环境育人教育理念。复旦大学全面推行本科生住宿书院制度；上海大学将班级建在宿舍里，变以传统班级为单位为以宿舍为单位开展学生活动，都是在宿舍育人方面进行的有益探索。多年不变的“一栋楼一个管理员、一间宿舍同一个专业、宿舍就是睡眠的安乐窝”的住宿管理模式，正在一些大学里渐渐淡出，住宿学院制度正在为更多院校所学习借鉴，高职院校也可以从中汲取更多的经验。

高职学生党建工作，是高职院校思想政治教育的重要引领。高职学生党员是高职学生群体中的先进分子和先锋战士，是高职院校思想政治教育成果的集中体现，对其他学生成长起着重要的行为示范和思想表率作用。改革开放以来，受政治、经济、文化等诸多领域变迁和社会全面转型的影响，中国社会出现了各种思潮的激荡、文化的碰撞和价值观的冲突，对高职学生的政治信仰带来了巨大的冲击与影响，对主流意识形态的主导地位构成挑战。高职学生政治信仰多样化趋势明显，对马克思主义及其中国化理论缺乏全面了解，政治认知、政治情感和政治行为出现偏差，入党愿望强烈但利益驱动明显。引导学生坚定共产主义理想信念，端正入党动机，组织员是学生党建工作的重要助手。

高职学生失范行为，是高职院校思想政治教育的严峻挑战。社会大环境的影响、学校小环境中的某些不良因素、家庭教育功能退化，以及高职学生道德观念淡化和法律意识薄弱等组成了学生失范行为的诱因。大学生失范行为分为道德、纪律、法律三个层次。大学生失范行为中以纪律问题、道德问题为主，近年来又呈现出违法、犯罪行为逐年上升趋势，引起社会各界广泛关注。高职院校应该加强学生的思想政治教育，研究学生特点，做好引导和防控工作；注重心理咨询工作，进行学生思想问题的疏导；坚持学生的自我教育，激发他们自我发展的自主性、主动性和能动性，积极探索高职学生失范行为的治本之策。

构建人才培养体系，是高职院校思想政治教育的重要制度保障。思想政治教育是高等职业教育教学的薄弱环节，如何通过构建纵贯学校上下，横跨学校各部门、外联行业企业的人才培养体系，将思想政治教育工作无痕融入学校“全员育人、全程育人、全面育人”整体育人计划及过程，是很多高职院校苦苦探索的重大课题。高职学生在校期间不时需要到实践实训基地学习，真正在校时间有限，构建一个三年一贯制的学生教育培养体系非常关键，学生不论年级，要培养的人文素养和道德目标具有一致性，只是学生的年级不同，目标培养需要区分不同的层次，选择不同的培养方式。北京青年政治学院围绕学生工作系统职责范围，以学风建设为主线，以系列活动为载体，以“三个立足”为工作原则，以培养“三位一体”的高技能人才为工作目标，以实施引航计划、树人计划、卓越计划和帮扶计划四个支柱性系列教育计划为工作思路，积极探索“基于年级特点、构建三年一贯制高职学生培养体系”，充分发挥学院整体育人功能，服务学院的教育教学，确保学院的教育教学理念、教育主题和教育措施贯穿始终，两年来取得了初步成效。

“十年树木，百年树人”，教育事关一个民族和国家的前途命运，教育的发展需要国家、社会、学校、家庭和个人的共同努力。高职院校思想政治教育工作更是关乎培养社会主义国家合格建设者和可靠接班人的重大课题，需要更多的有识之士关注和研究。笔者不揣浅陋，对目前高职院校学生思想政治教育提出了以上几点粗浅看法，但是囿于学力学识有限，难免存在错漏，唯望专家学者给予斧正。一己之力虽轻，仍愿以微薄之力在教育大发展的大时代背景下扮演好自己一名高职德育工作者的小角色。

CONTENTS
目 录

第一章　现状调查：高职学生思想政治教育的逻辑起点

职业教育是国民教育体系和人力资源开发的重要组成部分，是广大青年打开通向成功成才大门的重要途径，肩负着培养数以亿计的高素质劳动者和技术技能人才、传承技术技能、促进就业创业的重要职责。职业教育既是深化教育领域综合改革的战略突破口，又是转方式调结构惠民生的战略支点。近年来，高等职业教育作为高等教育的重要组成部分，越来越受到社会各界的关注，党中央国务院对加快发展现代职业教育作出了一系列重大部署。从十七大报告中的“大力发展职业教育”到《国家中长期教育改革与发展规划纲要（2010—2020）》中的“增强职业教育吸引力”，从十八大报告中的“加快发展现代职业教育”，到十八届三中全会提出加快现代职业教育体系建设，从2014年6月国务院印发《关于加快发展现代职业教育的决定》，到2014年6月全国职业教育工作会议召开、高职高专入学考试与普通本科分开、600余所本科院校即将转型整编到职业教育系统，培养技术技能型人才的现代职业教育体系建设日趋完备。习近平总书记专门对职业教育工作作出重要指示，李克强总理接见会议代表并发表重要讲话。习近平总书记重要指示和会议集中体现了新时期中央关于职业教育的功能新定位、形势新判断、工作新部署。近日，教育部通知要求，必须把提高人才培养质量作为核心任务，把工作重点和资源配置集中到教育教学上来，要坚持以立德树人为根本，培育和践行社会主义核心价值观，促进学生全面发展，努力让每个人都有人生出彩的机会。

据教育部全国教育事业发展统计公报，2009 年 全国独立设置的高职院校 1215 所，占普通高校总数的 61.2%，高职在校生数 964.8 万，占普通高校本专科在校生总数的 42.3%。2013 年全国独立设置高职院校 1321 所，占普通高校总数的 53.03%，高职院校在校生数为 973.6 万人，占普通高校本专科在校生总数的 39.45%。我国高职院校的数量占据高等院校的五成以上，高职院校的在校生数接近高等院校学生数的 40%。在高等职业教育迅猛发展的背景下，认真探索和研究高职学生成长的规律和教育方式，使其适应转变经济发展方式、全面建设小康社会对高素质劳动者和技能型人才的迫切要求，以促进社会主义和谐社会建设，这是当前高等职业教育的一项重要工作。

改革开放以来，随着我国经济的不断发展，社会变革的日益深入，人们的思想发生了深刻的变化，在高校学生这一特殊的群体身上有着明显的反应，受到社会各界的广泛关注。高职学生作为高校学生的重要组成部分，其思想观念、法制意识、道德状况、政治参与度、行为表现等方面成为关注的重点。在《国家中长期教育改革和发展规划纲要（2010—2020 年）》提出“坚持德育为先”“大力发展职业教育”；党的十八大报告把立德树人作为教育的根本任务；十八届三中全会把加强社会主义核心价值体系教育，形成爱学习、爱劳动、爱祖国活动的有效形式和长效机制作为重要改革任务的今天，研究近千万高职学生的思想政治教育工作具有举足轻重的意义。

为了弄清当今高职院校学生的思想政治现状，找准高职学生思想政治教育的逻辑起点，提高高职学生思想政治教育针对性、科学性和实效性，我们选取某北京市高职示范校 2011 级、2012 级学生进行了调查，共发放问卷 2213 份，回收 2113 份，问卷回收率为 95.5%，以下从高职学生家庭背景、生活现状、学习现状三个方面对调查结果进行梳理。

第一节　高职学生家庭背景状况调查

高职教育作为高等教育重要组成部分，承担了高等教育大众化进程中大部分扩招任务，促进了高等教育结构多样化发展。不能忽视的是，在教育大众化的大背景下，高职院校都存在着不同程度的生源问题，即高职院校的生源质量不高❶。尽管高职学生经过高考前的系统学习，掌握了一定的理论知识和学习方法，但是学生中较为普遍地存在着目标意识不清、竞争意识不强、自学能力不高、自控能力较差、学习方法不当等问题。高职学生的家庭背景对学生在学期间的学习生活有着很大影响。

一、家庭收入状况：贫富两级悬殊

样本学校家庭贫困学生占相当大的比例，月均收入在3000元以上的仅为14.1%，月均收入低于2000元的占64.7%（参见表1-1-1），接近调查学生总数的2/3，部分学生家长处于失业半失业状态，相当一部分学生家庭靠社会救济“吃低保”维持生活。同时，该校也存在部分“富二代”学生，他们在校园里的炫富式消费令其他同学侧目，甚至诱发对抗性贫富同学之间的矛盾。学生工作迫切需要加强引导富裕学生提高生活支出计划性，引导贫困学生增强自立自强意识。

表1-1-1　学生家庭月均收入统计表

类别	家庭月均收入		
	2000元以下	2000~3000元	3000元以上
人数	1367	448	298
比例	64.7%	21.2%	14.1%

❶ 此处仅指通过普通高等学校招生全国统一考试录取的普通高中毕业生。

经济因素是部分学生选择公办高职院校的重要原因。自幼教到九年义务教育再到高中，经济条件越好，家庭能为子女提供的教育支出也会越多，子女接受的基础教育就会越好，接受较高质量高等教育的机会就会越大，即“马太效应”。所以，统计数据客观地反映了更多来源于社会中低家庭收入子女由于经济压力而放弃了接受更高层次教育的愿望与可能，选择在高职院校就读的现实。无论生源地为城市还是农村，学生大都来自社会中低收入家庭，学生家庭经济条件在一定程度上制约了学生对高等教育院校和专业的选择，这一结论可以与每年高职院校的招生宣传与咨询中得到的数据进行印证。一部分学生按照分数是可以选择三本民办院校的，由于民办院校学费较高，所以这部分学生选择上了学费相对较低且便于找到工作的公办高职院校。以民办本科（三本）和高职院校的学费相比，公办高职院校普通批次学生学费均值在 5228.5 元/年（艺术类专业和中外合作办学等特殊专业的学费要高些），住宿费约800～1500元/年，北京的公办高职院校，普通专业的一名学生学费为 6000元/年（艺术类专业和中外合作办学等特殊专业除外），住宿费一般为 750 元/年。学制三年，培养一个公办高职院校学生的学费与住宿费合计约 2 万元；而培养一个民办本科学生四年的学费与住宿费合计约 6 万元。对于经济条件不优越的学生家庭来说，无疑选择公办高职院校更合理。[1]在高考成绩既定的前提下，中低阶层家庭收入水平不高，没有条件和能力为子女创造一个适宜的生活教育环境，提供的家庭资助相当有限，所能承受的目前普通高校收费标准的能力以及支付子女上学所需各项开支的能力相对较弱。各种资源都不占优势的社会中低阶层家庭的学生受到家庭固有的经济、文化、社会条件的限制和制约，针对升入高职的学生，原本学业成绩不理想，家长对孩子考入高校不抱有太大希望，更倾向于接受门槛较

---

[1] 宋蔚. 高等职业院校大学生家庭背景状况分析—以苏南某职业技术学院为个案[J]. 太原城市职业技术学院学报，2011.2.

低、收费低廉、就业便捷的高职教育。高职学生中贫困家庭子女较多，特殊家庭（如单亲家庭、孤儿）占有一定比例，存在自卑心理和心理压抑现象。

二、生源地状况：农村生源占半数以上

该校乡镇生源和农村生源占50%以上（参见表1－1－2）。改革开放以来，我国国民经济保持良好发展势头，国内生产总值持续较快增长，农业和农村经济发生了巨大变化，农村居民生活水平和质量实现了跨越式提高。尽管如此，农村供养大学生的费用在家庭收入中所占比重还是远远大于城市。另外，农村多子女家庭比重要远远大于城市，也就意味着农村家庭的教育支出比例更高。普通农村家庭供养一名大学生，往往就意味着生活上更加简朴清贫，身体上有病不敢上医院，精神上一方面为自己培养出了大学生而骄傲，另一方面又为学生未来的就业而煎熬。因此，大多数农村家庭在孩子分数相对较低的情况下大多倾向于选择就业前景好而收费相对较低的公办高职院校。近年来，国家在学生入学绿色通道、助学贷款方面进行了很大投入，在支持学生继续学业方面效果明显，但是高职学生贫困生多的事实还是需要国家、社会和学校投入更多的关注。

表1－1－2　学生生源地情况统计

类别	生源地			独生子女	
	城市	乡镇	农村	是	非
人数	879	429	805	1156	957
比例	41.6%	20.3%	38.1%	54.7%	45.3%

三、父母文化程度：中学层次占80%以上

调查显示，高职学生父母文化程度普遍不高，其中父亲文化程度在初、高中水平的占82.4%，初中以下水平的占7.1%，大专以上水平的仅为10.5%；母亲文化程度在初、高中水平的占78%，初中以下水平的占13.4%，大专以上水平的仅为8.6%（参见表

1－1－3)。父母文化水平不高在较大程度上影响了学生的价值观及学习态度、学习兴趣等。

表1－1－3　学生父母文化程度

类别	父亲文化程度			母亲文化程度		
	初中以下	初中或高中	大专以上	初中以下	初中或高中	大专以上
人数	150	1741	222	283	1648	182
比例	7.1%	82.4%	10.5%	13.4%	78%	8.6%

家庭文化背景对子女入学机会的影响表明，家庭文化资源具有一定的代际传递性。从常识来讲，父母受教育程度越高，子女得到的潜移默化的家庭教育也更好；父母能更好地挖掘子女的才能与潜力，帮助子女更好地判别学校、教育、就业机会的信息；能够给予子女学习和就业上更明智的指导。不同家庭背景的高职学生职业价值观有区别，来自较高收入家庭的高职学生职业价值观按照重视程度依次为：职业前景、兴趣性格、规范道德和福利待遇，来自中等或者较低收入家庭的高职学生按照重视程度依次为：职业前景、福利待遇、兴趣性格、规范道德。已有调查研究也证明，父亲和母亲受教育程度都对子女高等教育入学机会产生一定的影响，父亲或母亲受教育程度不同的子女在入学机会方面存在显著差异。总体来看，父亲或母亲受教育程度越高，其子女拥有的入学机会就越多；而父亲或母亲受教育程度在大专及以上的，其子女拥有更多地进入部属重点院校这类较高层次高校就读的机会。学生接受高等教育的入学机会、层次类型与其父母受教育程度呈正相关。公立高职院校中父亲受教育程度为高中和中专的辈出率（辈出率是指某一社会阶层子女在大学生中的比例与该阶层人口在同一社会全体职业人口中所占比例之比）略高于父亲受教育程度为大专及以上的辈出率。[1]

[1] 王伟宜，谢作栩．家庭文化背景对高等教育入学机会的影响［J］．江苏高教，2005.4.

四、父母职业状况：工人农民等占六成左右

该校学生父母职业以农民、工人、个体户等阶层为主体（参见表1－1－4）。其中父亲职业为工人、农民及个体自由职业者的比重为61.4%，干部、高级知识分子及公务员仅为9.5%；母亲职业为工人、农民及个体自由职业者的比重为55.1%，干部、高级知识分子及公务员仅为8.2%。家庭社会资源有限决定了不可能动用权力和关系在选择学校和专业时提供便利。

表1－1－4　学生父母亲职业统计

类别	父亲职业			母亲职业		
	工人、农民及个体户	干部、高级知识分子及公务员	其他（含无职业）	工人、农民及个体户	干部、高级知识分子及公务员	其他（含无职业）
人数	1297	201	615	1164	174	775
比例	61.4%	9.5%	29.1%	55.1%	8.2%	36.7%

五、兄弟姐妹情况：独生子女占半数以上

调查显示（见表1－1－5），独生子女与非独生子女比例接近1∶1，且非独生子女生源主要来源农村，接受调查的高职院校的独生子女群体具有独生子女认知能力、个性特征、社会生活等方面所表现的共性，即人际关系缺乏社交性、合作性和互动性，娇生惯养，以自我为中心，不太容易融入到大的群体里，寻求被关注、依赖性强，好胜敏感等。部分独生子女在成长的过程中没有养成良好的生活方式、行为举止和学习习惯，他们在中学里学习成绩处于中下游水平，学习生活无目标和计划，自制力较差，不属于父母和教师褒奖的群体，这与此年龄段的学生天然地渴望被关注、被肯定的心理需求存在矛盾。当然，独生子女学生也具有很多明显优点：由于集百般宠爱和资源于一身，获得了更优越的发展机会，表现为个人能力突出、多才多艺、敢想敢为、更加自信、具有享受孤独和自

我娱乐的能力、创新意识更强、更乐意和成人交往、更倾向从属于成人文化、更倾向于单打独斗获得成功等。总体印象是，身为独生子女的高职学生更难适应高职院校的学习与生活，给思想政治教育工作带来更多挑战。

表1－1－5　独生子女情况统计

	是否独生子女	
	是	非
人数	1156	957
比例	54.7%	45.3%

“因材施教”语出《论语·为政》，是一条古今中外广泛认同的教育原则，指的是教师要从学生的实际情况、个别差异出发，有的放矢地进行有差别的教学，使每个学生都能扬长避短，获得最佳发展。对于家庭背景复杂的高职院校学生来说，因材施教尤为必要。在正视高职学生家庭背景的前提下，我们应规避既定的客观家庭背景对学生学业成绩的不良影响。首先应理解学生一些欠妥的行为习惯，在了解学生家庭背景的前提下学会包容学生，分析学生的心理及诉求，帮助学生建立规则意识和良好的学习习惯，在高职教育某种程度上被异化为失败者教育的背景下，减少学生茫然感和自卑心理，帮助学生建立积极自我。此外，还要特别关注特殊家庭学生（孤儿、单亲家庭、再婚家庭、留守家庭、自身为残疾人或者主要家庭成员中有残疾人的家庭），相对高职生家庭背景的共性，这种情况的学生在高职学生中存在着相当的比例，对学生有着更不寻常的影响，值得并需要得到教育工作者更多的关注和关心。要建立相关学生的电子档案，加强团体辅导、个人深度辅导的力度，更好利用学校和校外资源，家庭、社会、学校各尽所责，各司其职，才能为学生发展提供更积极的支持，更好地助力学生成长成才。

第二节　高职学生生活现状调查

一、上网闲聊：高职学生课余第一消遣

进入大学以后学习方式发生质的变化，从“被动学习”到“自主学习”让高职学生拥有更多课余时间，课余时间是高职院校思想政治工作的重要阵地。随着信息技术的飞速发展，电脑、手机迅速普及进校园，课余时间被很多高职学生用于上网聊天等消极活动。调查显示，高职学生的课余时间主要用于上网（37%）、逛街（14%）、闲聊（13%）、打工兼职（11%）、交友恋爱（7%），很少用于自习（16%）、学生活动（1%）等（参见图1－2－1）。平均每天课余学习时间1小时以内的占24%，1～2小时的占33%，2～3小时的占24%，4小时以上的占11%，课余时间从不学习的占8%（参见图1－2－2）。

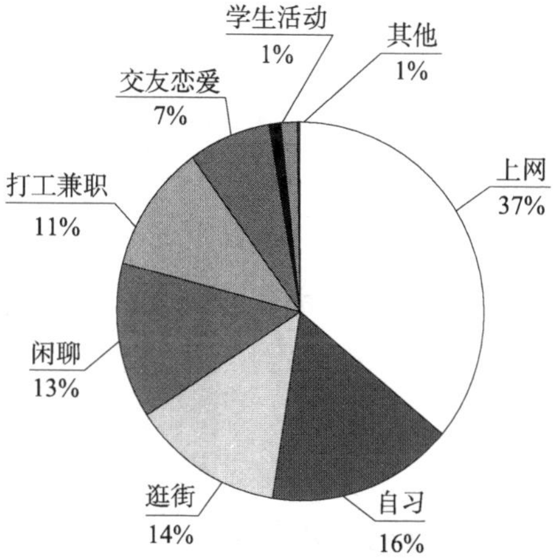

图1－2－1　学生课余时间利用情况统计图

现代社会，网络不可回避地成为学习、娱乐、交友的重要工具。调查显示，高职学生每天上网的时间1小时以下的占30%，

2～3个小时的占45%，4～5个小时的占18%，6个小时以上的占7%（参见图1－2－3）。

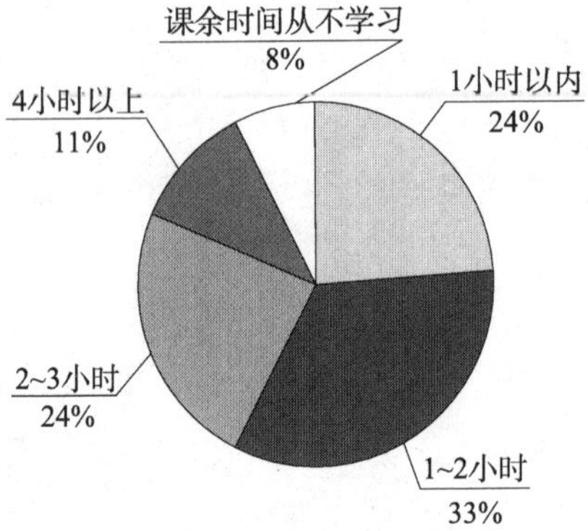

图1－2－2　学生每天课余学习时间量统计图

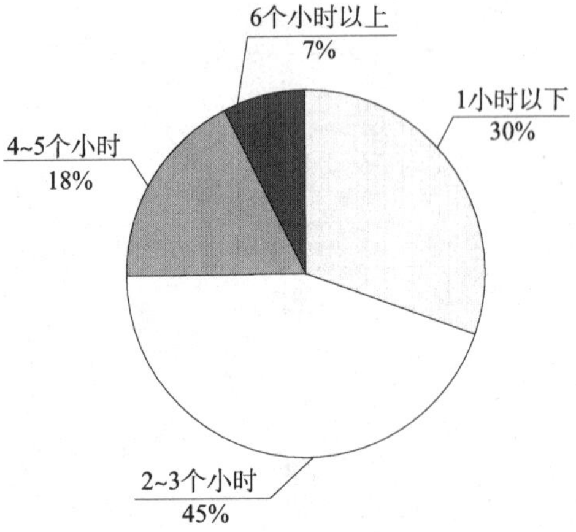

图1－2－3　学生每天上网时间量统计图

进一步调查发现，高职学生上网的主要目的【多选题】在于获取信息（70%）、帮助学习（33%），同时也有相当比例的学生上网是为了休闲娱乐：看电影（46%）、交友聊天（37%）、玩游戏（32%）（参见图1－2－4），这是不容小觑的现象。

网络本身是科技进步的重要成果，人们可以从中直接受益，但是网络又是柄双刃剑，用好了对学生的生活学习有极大的帮助，用不好会沉迷其中不能自拔，甚至迷失方向，对学生的学习生活造成

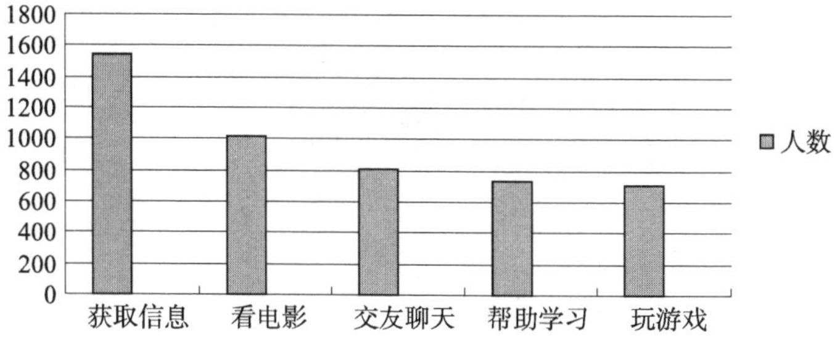

图 1－2－4　学生上网目的统计图

无法弥补的损失。在接受调查的学生中认为网络对学生的学习和生活很有帮助的占30%，接受调查的大部分学生表示，上网对自己的学习只是有一定的帮助（67%），但是无节制的上网则会影响自己的学习和生活。3%的学生认为对学习、生活不利或者严重影响生活（参见图1－2－5）。

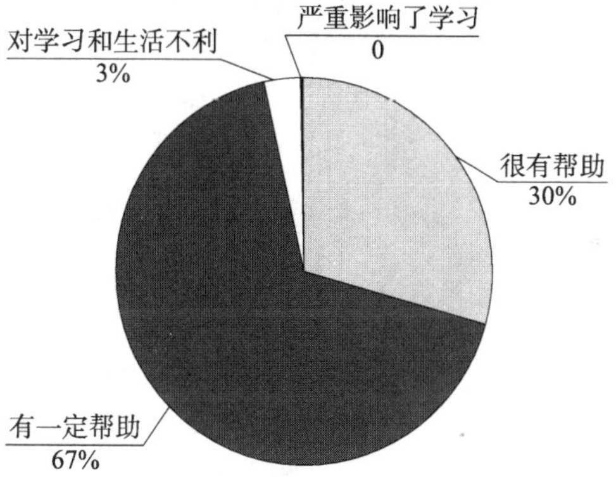

图 1－2－5　网络对学生影响统计图

上网时间过长、过多通过网络娱乐休闲的，主要是有厌学情绪、对专业不感兴趣、课余基本不学习的那部分学生。这部分学生除要耐心教育引导还要严格管理，学校要通过一些管理办法，如规定宿舍熄灯时间、强制断网等方式，使得学生减少上网时间，保证学生基本的学习时间和学习精力。

二、打工兼职：思想政治教育的隐忧

打工兼职已成为许多大学生生活中不可或缺的一部分。打工兼职可以赚取一定的劳动报酬，补充学习生活支出，减轻家庭经济负担；同时也是学生参加社会实践，锻炼独立生活能力的有效途径。调查显示，有过兼职经验者占64%，接近接受调查学生数的2/3，没有做过兼职的学生仅占36%。多数学生兼职工作是由同学或老师介绍（42%），有的学生是通过专门的中介机构和校园海报或广告得到兼职工作（17%），还有的是在网络上找到工作（13%）。（参见图1－2－6）

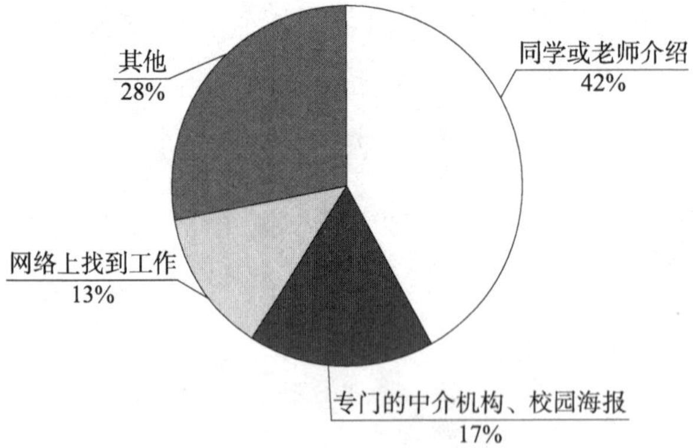

图1－2－6　学生兼职渠道统计图

从对高职学生兼职的态度看，81.9%的学生赞同利用课余时间兼职，49%的家长完全同意学生兼职打工。从高职学生兼职的目的看，减轻家庭负担占34%，提高个人消费水平占26%，提高实践水平占24%，为就业做准备的占8%，打发个人时间和增长社会见识均占4%。从高职学生打工兼职收入去向看，排在首位的是用于交往朋友（43%），其次是用于减轻家庭经济负担（34%），再次是用于额外的零花钱（17%）。（参见图1－2－7）

毋庸讳言，打工兼职也会给高职学生生活、学习带来负面影响。高职学生更多选择对技术、专业水平要求较低的行业，这些门槛较低的职业一般是促销（37%）或者家教（40%）（参见图1－2－8）。

兼职月收入普遍较低，主要集中在在400～1200元之间（65%）。（参见图1－2－9）

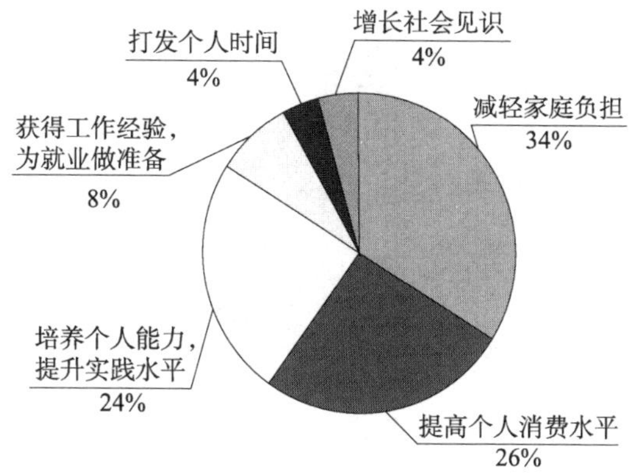

图 1－2－7　学生兼职原因统计图

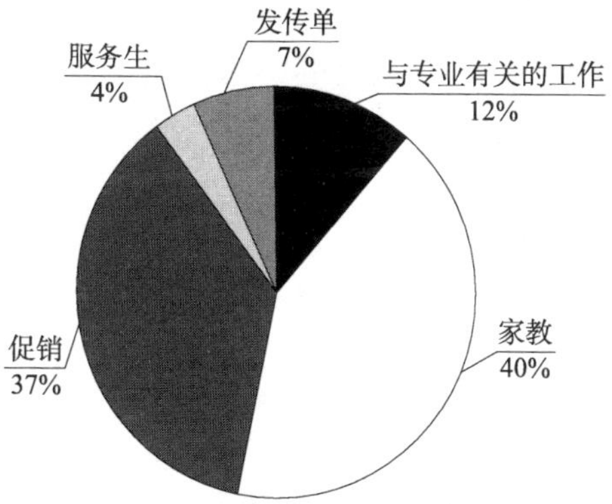

图 1－2－8　学生兼职职业统计图

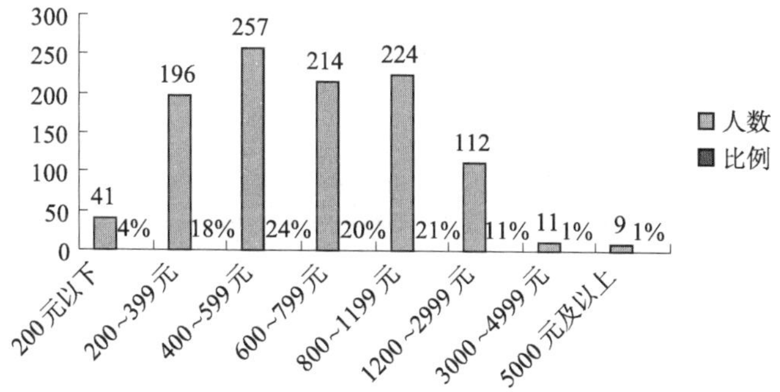

图 1－2－9　学生兼职月工资统计图

大部分学生每周兼职时间超过 5 个小时（70%），部分学生打工兼职时间在 15 个小时以上（18%）。（参见图 1－2－10）

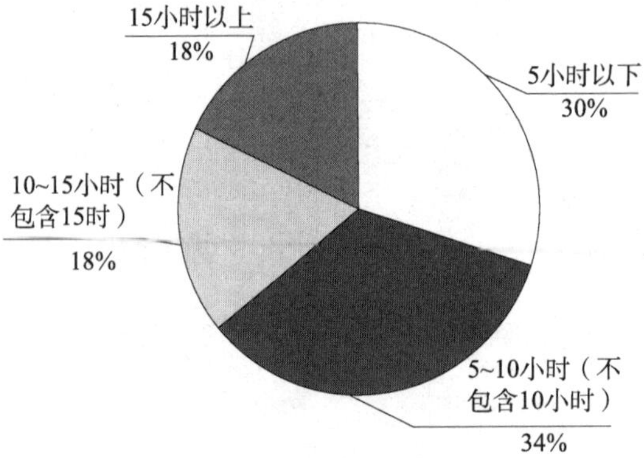

图1－2－10　学生每周兼职时间统计图

从高职学生兼职的工作内容和行业看，由于课余时间有限、社会经验少、综合素质偏低、专业知识与技能不足等原因，很难找到与专业相关的兼职工作来真正锻炼与专业相关的工作技能，夜间兼职还会存在安全隐患。个别学生在打工兼职过程中接触社会阴暗面，抵挡不住黑色诱惑，从而走上违法犯罪的道路。高职学生兼职的行业局限性、岗位低端性和价值盲目性，兼职时间过长，兼职收入偏低，兼职工作专业技术含量低，兼职社会环境复杂等，都会对学生学习与生活产生重要影响，也会给思想政治工作带来隐忧。

三、月支出状况：多在800元以下

从调查的情况看，高职学生日常支出金额不高，当然，也存在少数家庭条件优越的学生每周乘飞机回家乡的极端例子，大多数的学生每月支出在800元以下，500元以下的学生占30%左右（参见图1－2－11）。学生每天的食堂餐费也比较低，在12元及以下的占59.5%。这与学生的家庭条件有关，也是造成高职院校虽然资助学生的力度很大，学生中仍大量存在打工兼职现象的原因，学生为最大限度地赚取学费、买书、买衣服等支出的经费，存在上课睡觉，下课打工，甚至有打夜工晚归的现象。

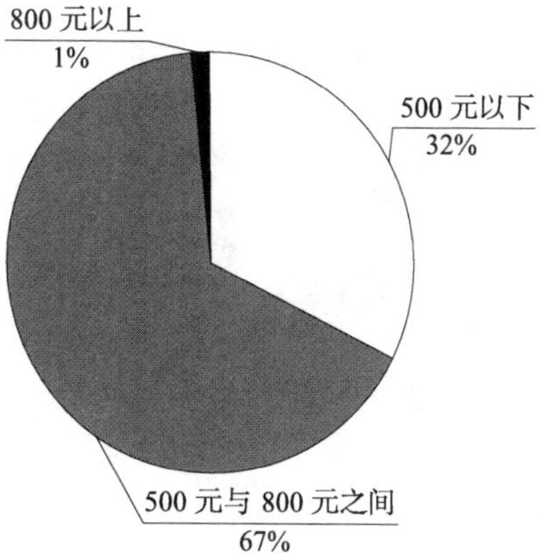

图 1-2-11　学生每月支出情况统计表

四、高职学生价值评价标准具有两重性

调查显示，高职学生将“追求舒适生活、家庭幸福”作为人生首选目标的比例高达 70% 以上，反映出高职学生价值标准注重实用，在价值选择和价值实现方面更加强调实用性和功利性。高职学生普遍认为个人应为国家做贡献，但更加注重自我价值的实现，倾向于奉献与索取并重。高职学生在思想上认同集体主义、助人为乐、见义勇为等社会主流价值观，但是并不能做到内化于心，外化于行，实际生活中因为社会上一些诸如碰瓷、讹人等丑恶现象的原因，表示当自己遇上类似的事情的时候会相机行事，随事件的不同而随意调整自己的行为方式。高职学生思想认知与实践行为上体现的双重性，一定程度体现出较为明显的利己主义倾向和“严于律人，宽以待己”思想观念。这种现象的产生主要是学生个人的思想观念存在两面性，也与经济社会大背景下人们思考问题方式的变化有着直接关系。（参见图 1-2-12）

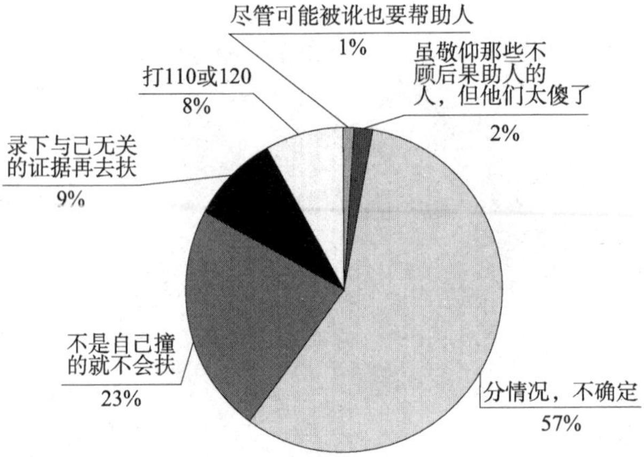

图 1－2－12　学生对因助摔倒老人被讹现象的认识统计图

五、高职学生参加社会实践和志愿服务积极性很高

从学生参加志愿服务的情况看，大多数高职学生比较热心参与志愿服务工作，愿意为社会做贡献，在高职院校将志愿服务、社会实践引入学分制的背景下，学生参与社会实践的积极性更加高涨，选择“非常愿意”和“愿意”参加社会实践和志愿服务的高职学生所占比重相当大（76%）。（参见图 1－2－13）

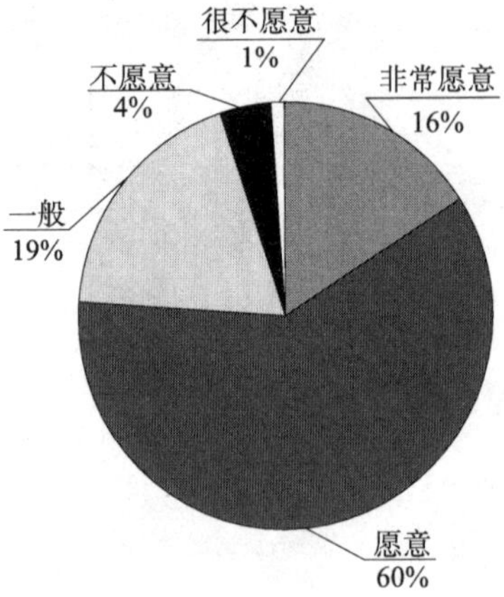

图 1－2－13　学生参加社会实践和志愿服务意愿情况统计图

第三节　高职学生学习现状调查

与本科院校相比，高职院校在结构功能、培养目标、培养模式、教学方法、教学内容、学业年限和学业标准等方面均有所不同，且因高职教育与普通本科教育类型间的等级化分别，长期以来，高职教育被置于高等教育的从属地位。高职院校提供的是学历教育与职业教育并举的教育，特殊的教育内容和特殊的办学定位，使得高职学生特点迥异于本科院校学生。高职学生的来源主要分为两部分：一部分经过全国统一高考，分数相对较低、没能进入本科院校的普高学生；另一部分是毕业于中专、职高、技校，未参加高考而通过另一渠道——单考单招录取入校的“三校生”。从“源头”起，本科院校学生即与高职学生形成了明显的差异，学习成绩上的显性差距隐含着诸多潜在的不同点。高职学生从生源层次和结构看也较复杂，如入校分数较低、文化基础不扎实、组织纪律观念较弱、自我认知有些偏差、情绪管理和自我调控能力不强、管理难度较大、培养任务较重。高职学生虽然思想活跃，求新意识强，但在吃苦精神、抗挫折能力、意志品质等方面却相对较弱，特别是在政治追求和入党动机上还不同程度地存在着功利主义的倾向，这也成为高职学生教育过程中所要面对的不容忽视的问题。

一、学习目的：六成为今后工作打基础

高职学生的学习目的和学习行为在一定程度上是其人生观、价值观的体现。问卷调查显示，在高职学生的学习目的这一多选题中，选择“全面提高自身素质，为实现人生理想做准备”的占68%，选择“拿更多的证书等硬件，为以后工作打基础”的占60%，选择“为今后深造做准备和满足自己的兴趣与爱好”的均占41%，选择“报答父母的养育之恩”的占30%，只为“获得文凭，

顺利毕业”的占21%，选择“促进祖国的繁荣昌盛，做个有益于他人和社会的人”的占4%。（参见图1－3－1）

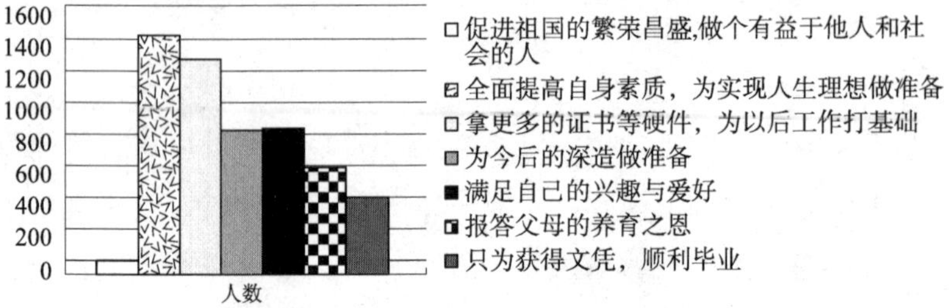

图1－3－1　学生学习目的统计图

以上结果可以看出，学习目的更加关注“自我”，注重自身综合素质的提升和自我价值的实现。改革开放以来，随着经济的发展，人民生活水平的提高和社会的日益进步，人们的思想呈现多元化的倾向，这一现象在90后的大学生身上显示得更加明显。一方面，受西方个人主义文化的影响，中国传统文化中的集体主义对青少年的影响力有所减弱，导致青少年过于关注自我的感受，时常会忽略他人的感受和集体的利益。另一方面，随着经济社会的发展，人们的生活在物质层面上越来越多地得到了满足，随之而来的是精神层面的需求越来越多，自尊的需求、自我实现的需求等，青少年对自我的关注从某种程度上也反映了他们对自身的关爱与负责。对此，我们应该理性看待，一方面要尊重大学生关注自身成长、关注自我发展的需求，另一方面，也要对大学生进行适时的引导，如加强“感恩教育”“三爱教育”（爱学习、爱劳动、爱祖国）等，防止出现过度以自我为中心，漠视他人和社会的现象。

二、学习动力：挺有动力仅占15%

激发高职学生学习热情是高职院校教育工作面临的最大挑战，学习目标不明确、学习缺乏动力是高职学生比较普遍的共性特征，了解高职学生学习动力来源十分必要。在高等教育从精英化向大众化转化的过程中，录取分数线随之降低，生源总体水平降低，生源质量参差不齐，相当部分的高职学生因为起点较差，在学习意识、学习方法、学习能力及学习动力上都比较欠缺，相当一部分学生没有养成良好的学习习惯，学习基础比较差，自制力也比较弱，学习目标不够明确，缺乏刻苦钻研精神。还有一部分学生中存在较为明显的心理问题，部分学生就读高职并不是因为自身渴望学习，而是出于无奈或应付家长的要求。他们对所学的专业了解并不多，学习目标不够明确、缺乏动力，热衷于学习以外的事情，经常逃学、逃课，甚至学分不及格或旷课节次累计达到退学标准。问卷调查显示，关于增加学习动力，选择学习环境、就业形势、师资力量、教学环境的学生人数均占到 50% 以上，丰厚的奖学金占 34%，加强管理、用制度管理学生的占 16%，不需要、我觉得已经挺有动力的占 15%。（参见图 1－3－2）

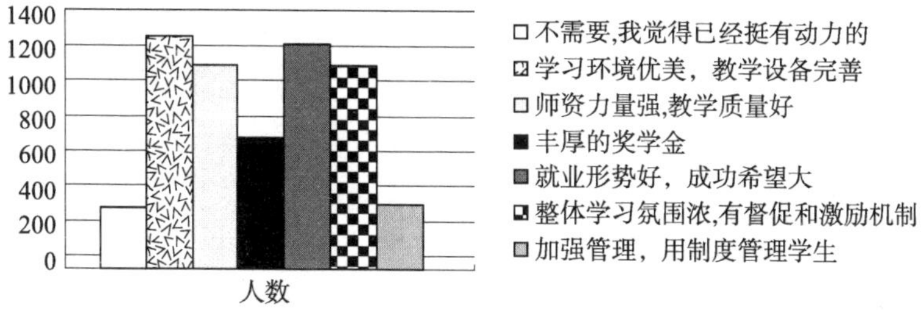

图 1－3－2　学生学习动力提高方式统计图

调查的结果在某种程度上与教育管理者的认知之间存在一定差异。在很多情况下，高职院校的教育管理者认为，实质性的鼓励和明确的约束对促进学生学习的作用是巨大的，在实际工作中，常常倾向于制订具有有形的激励或制约作用的文件和制度，而忽视对无形影响因素的培育。班风、学风、校风的建设常常因为不易找到抓手而流于形式或表面。

增加大学生就业辅导投入、加强学生就业问题研究，是高职院校学生工作的重要内容。开展毕业生就业质量和就业状况追踪，一方面可以根据几年的就业质量数据对比调整专业设置或者专业培养思路，另一方面还可以帮助学生坚定专业学习的信念，增强学习动力，加强思想政治教育的有效性。此外，对于那些选择“不需要，我觉得已经挺有动力的”学生，也要区别分析，分层次进行激励。

应该加强校园环境建设，为高职学生实习实训、合作学习、自主学习创造条件。一个优美的环境带给学生的不仅有精神的愉悦，还有心灵的满足。以北大为例，当年由钱穆先生一个小小的建议而得名的“未名湖”，承载了无数北大学子的眷眷情思。甚至有人说，未名湖之于北大的意义，如汉唐之于中国一样，除了它本身所固有的美丽之外，更多的已经凝结为一种文化意义上的象征。未名湖是北大的灵魂，作为一种表征北大的意象而深入人们的脑海之中。在学生的教育管理过程中，只有“有形因素”和“无形因素”并重，分群体、分层次、有针对性地开展工作，才能将教育的效果落到实处。

三、学习兴趣不高：成因复杂

学习兴趣作为学生学习的内源性动力，其培育需要多个方面的合力，也即所谓的全员育人、全方位育人。高职学生学习兴趣不高、学习态度不够端正，是许多高职院校工作者最为头疼的难题。究其原因，主要存在以下三个方面的问题。

（一）专业选择的问题

目前，社会舆论对高校的专业评价存在许多误区，其中最大的误区是认为高职院校与本科院校相比低人一等，把高校的专业优劣和社会上相关职业经济收入的高低、政治地位的高低功利化地联系起来，导致一些学生对所学专业的错误性评价。有些学生自认为上了高职，又上了冷门专业，很自然地在心理上感到低人一等，对学习不感兴趣，加之院校本身对转专业设置的门槛较高，使他们无法进入自己所喜欢的专业。随着市场经济的发展，高校的教育越来越与市场紧密结合，这就要求高职院校在课程和专业设置上充分考虑社会和市场需求，科学合理地设置课程和专业，但高职院校在课程设置和专业设置上往往受各种主客观条件限制，不尽如人意，影响了学生的学习积极性。目前所学专业是凭学生自己的兴趣爱好选择的只占44%，有56%的学生所学专业不一定是自己的兴趣爱好，而是听父母意见（19%）或因就业前景好选的（18%），甚至其中随便选的（14%）和服从调剂（5%）共占19%（参见图1－3－3）。对于所学专业，学生选择很感兴趣的为17%，比较感兴趣为40%，两项合计占到57%。兴趣一般的占36%，不感兴趣的占7%，两项合计为43%（参见图1－3－4）。随机采访发现，相当比例的学生表示，高职院校不是自己的理想选择，自己的本来愿望是希望能考上本科院校，选择高职的一个重要原因是为了有机会继续上学，至于专业什么的，自己并不了解，甚至一些学生表示是自己胡乱选择的结果。调查结果具有普遍性，不仅存在于高职院校，也存在于一般的本科高校，甚至是重点大学、研究型大学，基本反映了我国目前高考填报志愿的现状。但是对于起点不高、对自己认识不明确的高职学生而言，大学所读专业对自己未来的影响似乎更大，也对我们以技术技能型人才培养为核心的高职教育敲响了警钟。

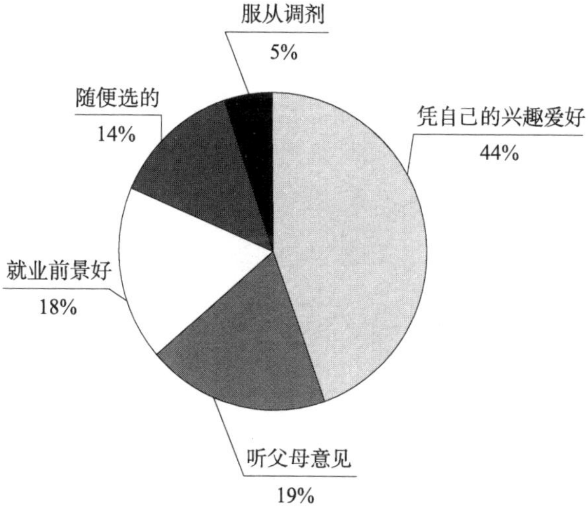

图1－3－3　学生专业选择原因统计图

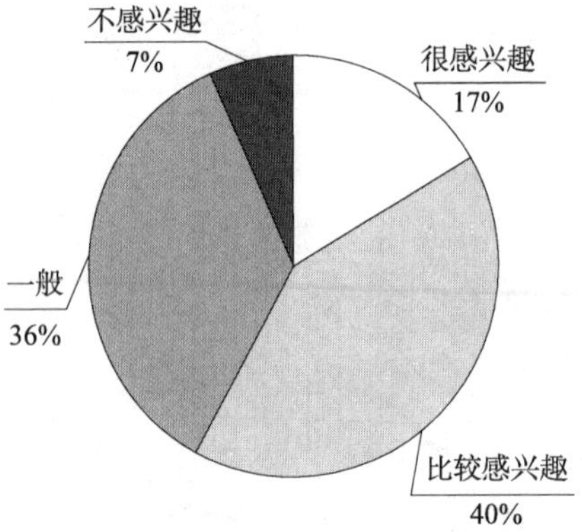

图1-3-4　学生专业兴趣统计图

（二）课程教学的问题

学习兴趣不足除了专业选择和个人兴趣匹配问题之外，专业课程设置和教师授课方式等也是重要影响因素。教师的教学方式方法是提升教学质量、增强学生学习兴趣和主动性的关键。部分教师仍然固守传统普通教育教学方法，教学方式单一、古板，讲课艺术欠缺，缺少行业从业经验，没有实践动手能力，不能培养学生实用技能，难以引起学生的学习兴趣。也有少数教师工作责任心不强，备课不认真，对学生要求不严，导致学生逃课或者人在课堂心在外的现象，使得他们最终难以完成学业。高职学生缺课率较高，从不缺课的学生仅占46%，平时每月缺课不超过1次的占33%，中等缺课的占18%，有的科目缺课接近1/3占2%，因为缺课多失去考试资格或受处分的学生占1%（参见图1-3-5）。关于学生缺课原因的调查显示，身体不舒服的占49%，对某些课程不感兴趣的占比高达37%，自身惰性问题，想睡觉的占27%，不喜欢老师授课方式的占26%，有其他事要干，如打工兼职的占16%，更喜欢自学的占8%，因为某些原因产生厌学情绪（沉溺网络、游戏等）的占7%（参见图1-3-6）。随着高等教育大众化的进程，大学毕业生就业压力不断加大，高职生就业也不可避免“压力山大”，不少学生产生放弃学习、早日工作的念头；也有一些学生因对所在院校课程设置、教材选用等不满意，发现理想与现实差距较大，悲观失望，以致最终退学。

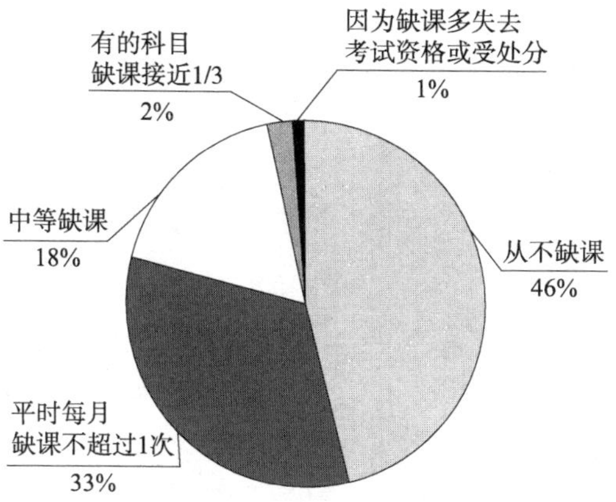

图1－3－5　学生出勤情况统计图

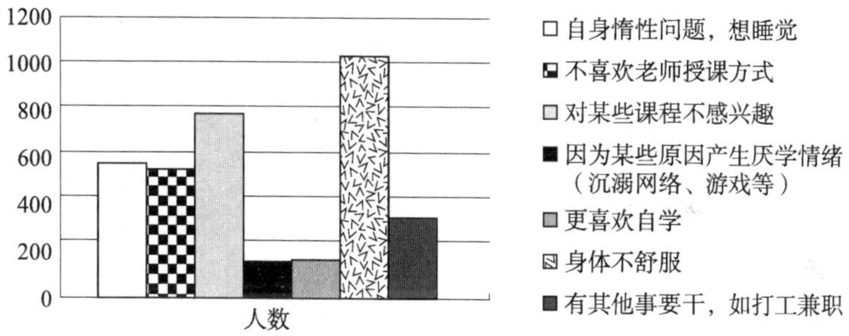

图1－3－6　学生旷课原因统计图

（三）学习态度的问题

课堂教学是育人的主渠道，课堂上课表现集中体现一所学校的学风，提高课堂教学质量、改变高职学生上课状态是增强高职学生学习动力的根本任务。调查结果显示，经常心不在焉的占15%，玩手机的占5%，自己看书和睡觉或发呆的均占4%，与同学聊天的占2%，这五种课堂表现占比合计达26%；能够认真听讲、做好笔记的仅占26%，基本能集中精力的占44%（参见图1－3－7）。关于完成作业情况的调查显示，近1/5的学生不能很好地按老师的要求完成作业：经常抄袭的占2%，经常不交的占1%，偶尔抄袭的占13%，偶尔不交或迟交的占3%，合计占比为19%。能够独立完成的占54%，在别人帮助下独立完成的占27%，合计占比为81%。（参见图1-3-8）

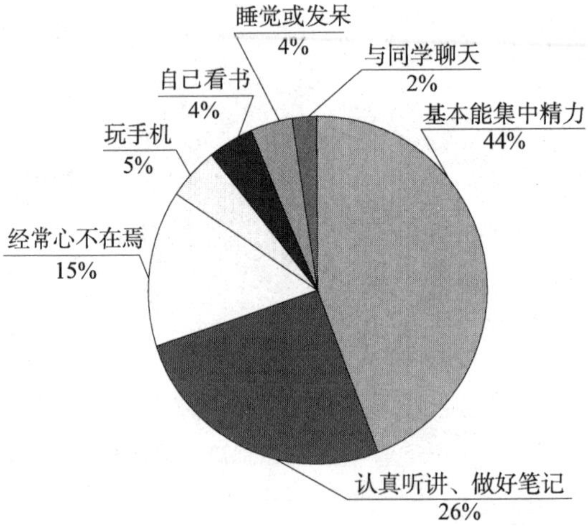

图1-3-7 学生上课状态统计图

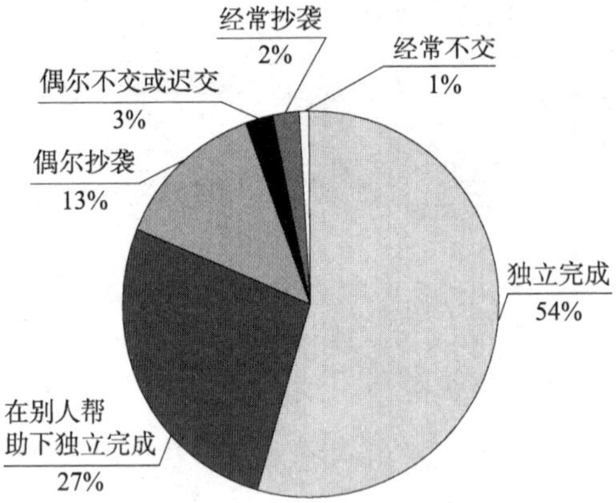

图1-3-8 学生作业完成方式统计图

带着不同想法和准备的学生跨入高职大门，如果教育工作者仅仅是一视同仁，而没有根据学生的实际情况进行有针对性地个别辅导，学生初入校时的迷茫就会演变成对专业学习的抵触，学习兴趣的缺乏必然带来学习态度的消极，缺乏学习主动性，甚至具有严重的畏难情绪，更谈不上学生的发展。中央美术学院张冬凯在《我对学生发展的认识》一文中介绍了香港公立大学的学生发展，认为学生发展是高等教育需要涉及的重要范畴，对于学生人格养成、情商进阶，乃至日后工作和生活都有着重要的帮助。香港在学生发展方面有全程化、全人化的概念，其中香港理工大学将全人化延伸为“德（民族责任感、社会意识）、智（分析能力、创意思维）、体（强健体魄、体育精神）、群（团队合作、沟通能力、领导才能）、美（文化修养）、学（终身学习、两文三语、国际视野）、业（事业发展）、精（精神健康）”八个方面，缩写为“SPECIAL”，意为“特别”，即学生的个体化、差异化。教育工作者应当尊重学生的个体化差异，帮助其发挥自身特点、优点，找到适合自己的发展路径。香港大学与内地大学或许在一些制度和机构设置上有差异，高职院校和本科院校在人才培养目标和制度举措上有所不同，但是教育的本质是相同的，是为了人的全面发展，这也应该成为我们高职教育的出发点和落脚点。

（四）适应能力的问题

高职学生大多年龄较小，且多是独生子女。因此，他们大多数依赖性强，自我约束力差，抗干扰能力差，进入高职后生活上没有了父母的照顾，难以自理，甚至无法忍受学校的生活，导致逃学或退学。另外，高校在管理和教育方法上强调个人自觉和主动性发挥，部分学生学习上没有了中学老师“保姆式”的全程管理，仅靠被动学习是达不到高职学习的智能开发要求的，如果不能尽快适应这种学习环境，只能被淘汰。扩招后各高职院校学生人数越来越多，但从事学生管理工作的人数有限且队伍不稳定，且因为一些高职院校囿于占地面积不足，不得不选择分校区授课，学校所在地与教师居住地相距甚远，给高校的学生管理工作带来一定的困难。因此，客观上造成了一些学生辅导及管理的真空地带。

四、高职学生更热衷于“考证”

高职院校以培养技术技能型人才为重要使命，坚持以服务就业为导向，教育教学强调专业与产业、职业岗位对接，专业课程内容与职业标准对接，教学过程与生产过程对接，学历证书与职业资格证书对接，职业教育与终身学习对接，满足现代农业、先进制造业、现代服务业、战略性新兴产业和社会管理、生态文明建设等领域的人才需求，这就决定了高职学生学习更加注重实用性、目的性和功利性。就业市场上用人单位“证书至上”的初筛原则更加强化了高职学生的这种学习倾向性，高职学生最为关注与职业资格证书相关的科目（87%），对其余科目关注度较低（10% 以下），对学校的思想政治教育课程关注度最低（2%）。（参见图 1 –3 –9）

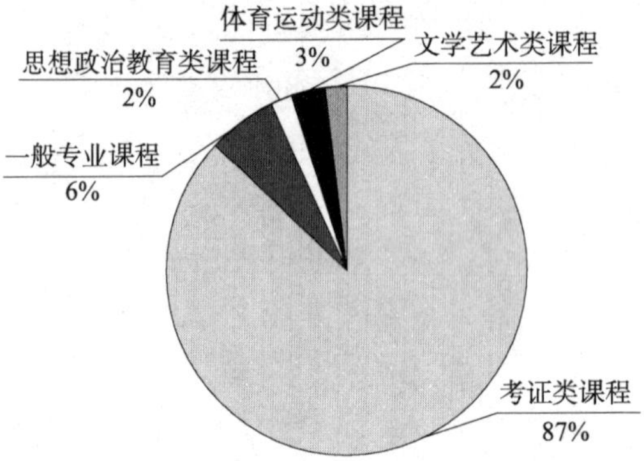

图 1 –3 –9　学生关注度最高的课程统计图

第二章 学生宿舍：高职学生思想政治教育的重要阵地*

学生宿舍是集学习、生活、休息、娱乐和人际交往于一体的综合性场所，是高职院校实施思想政治教育的重要阵地。当前，高职院校学生的主体为“90后”，他们生长在网络与科技高速发展的时代，个性张扬、乐于表现、目标明确、自我意识强、创新意识强，视野比较宽阔。同时，他们自控力较差，个人成长目标相对缺失，在高职院校相对宽松的学习与生活氛围里，易于放纵自我，降低对自己的要求，因此，做好高职院校学生宿舍管理、挖掘学生宿舍的育人功能具有重要意义。

第一节 高职院校学生宿舍管理现状

高职学生在宿舍时间最长，学生宿舍是他们在学校真正意义的“家”，他们在宿舍这个最自由的空间里相互影响、建立友情、共同进步。学生在宿舍里的思想感情、精神情操、生活习惯都表现得真实而充分，学生宿舍是学风、班风、校风最直接、最集中的反映。因此，学生宿舍也是我们了解学生、掌握学生思想动态的重要窗

* 本文系北京青年政治学院2013年科研项目“思政教育视域下的大学生公寓育人功能与途径研究”（项目批准号：MY201314）的阶段成果。

口。学生宿舍不仅具有让学生住宿、休息、娱乐的功能，也具有对学生进行思想政治教育的特殊价值。

一、高职院校学生宿舍管理现状

目前，我国高职院校在学生事务管理体系的建设上具有以下共性：一般由党委副书记（或副校长）分管学生事务，而学生思想政治教育和日常管理具体工作主要由学生工作部和团委负责。各院系设1名主管学生工作的副书记（或副主任），学生工作队伍的主体为各院系辅导员，班主任具体负责各班学生的管理，是辅导员工作的有力支撑。学生宿舍虽然与学生关系密切，但是高职院校实行后勤管理与学生管理分离的制度，学生宿舍基建及维护等工作主要由后勤部门或者外包公司（部分高职院校后勤实现社会化）进行管理，学生工作部门与保卫部门在学生思想工作和学生人身安全方面进行管理。

高职院校实行集中住宿制，新生入学由学校根据班级、年级、院系、专业等，将学生按照6～8人一组标准分配宿舍。除非特殊情况，在校3年时间里宿舍成员基本固定。学校制订宿舍管理制度，对宿舍卫生、作息时间、设施使用等方面做出规定。这种模式便于学校对学生进行统一管理，也方便学生培养感情、交流专业知识，学生宿舍更多体现为学生的居住功能。总体上看，高职院校的学生宿舍文化基本呈现团结、友爱、互助、进取的特征。同时，经济社会快速发展变化导致社会分层、阶层固化，高职学生家庭背景各异，成长环境不同，个人修养、形成习惯和思想观念等方面呈现明显异质性，这些对学生宿舍管理工作提出了更高要求，多年不变的“一栋楼一个管理员、一间宿舍同一个专业、宿舍就是睡眠的安乐窝”的住宿管理模式亟待改革，培育和建立与新时期新发展相一致、与学生辅导工作相配合的学生住宿管理制度势在必行。

二、高职院校学生宿舍管理存在的弊端

（一）高职学生呈现新特征，宿舍管理难度增加

“90后”高职学生的个性特征增加了学生宿舍管理难度，他们在宿舍中不太重视集体清洁卫生，但比较注重个人着装打扮、营造个人安乐窝；不太注意室友感受，习惯以自我为中心；在宿舍里放任自我，任由不良习气散漫，如熬夜玩游戏、酗酒、赌博、浏览不良网站等。高职学生的个性是长期受到家庭、成长经历、教育程度、社会环境等多方面影响形成的，并在相当一段时间内保持相对稳定性。高职院校不是与世隔绝的象牙塔，而是置身于社会大环境之中，众多高职学生集体生活在学生宿舍，很容易受到社会不良风气的侵染，如拜金主义、享乐主义等，高职院校思想政治教育在短期内很难达到理想效果。

（二）对学生事务管理工作重视程度不够

学生事务管理工作尽管是高职院校的一项重要工作，已经成为包括学校领导在内的许多人的共识，但是事实上在高职院校它的地位是远逊于专业教学工作的，是高职院校中一项相对次要的工作。学生事务管理很多时候是作为维持学校必要秩序、协助组织教学活动的补充。学校对学生事务管理投入的经费有限，学生工作队伍工作内容琐碎复杂而待遇不高，学校更倾向于将经费和优惠政策投给教学科研部门。在学生工作队伍配备方面，一线辅导员配备不足。教育部要求辅导员与学生的师生比最低为1∶200，部分高职院校基本上没有做到。面对众多的工作对象，辅导员常常是心有余而力不足，很难照顾到每一名学生。在日常的学生事务管理之外，辅导员更多的是抓后进学生和问题学生，深度辅导的效果也更多体现在这些学生身上。

（三）学生工作队伍流动性强，辅导员岗位吸引力不强

学生工作队伍与学生接触时间长、对学生了解程度深，尤

其是辅导员，对学生的影响某种程度上更直接、更深远。辅导员岗位职责决定了辅导员需要具备一定的思想政治素质和组织管理水平，要有良好的个人道德水平和工作的爱心、耐心和细心。按照目前高职院校的人事管理制度要求，新进辅导员一般应具有研究生以上学历。除思想政治教育专业外，多数高职院校的辅导员不具备做学生工作的学历背景，而多是所工作院系的相关专业。新进辅导员年轻有干劲，但因缺乏必要的工作技能需要入校后加强专业培训，由于一些高职院校没有专门的辅导员晋升和职称评审渠道，导致一些辅导员在工作几年、积累了一定的工作经验后倾向于选择其他待遇较高或者相对清闲的工作岗位，高职院校辅导员的职业化与专业化建设实则“路漫漫其修远兮”。

（四）学生事务管理的各职能部门没有形成合力

高职院校更应强调全员育人、全方位育人、全过程育人，但在实践中，部分高职院校学生事务管理与教学科研却是明显的“两张皮”。学生事务管理的工作内容鲜有涉及教学科研工作，教学科研工作则更多地强调教师的作用，忽视学生的日常管理。学生事务管理要确保成效，归根结底需要学校多个职能部门之间互相配合、形成合力，才能更好地开展工作。高职院校后勤工作社会化改革更成为部门之间合作的离心力。改革后宿舍管理工作服务意识有所增强，但是高职院校宿舍教育管理与学校学工部职能划分不明晰，管理制度不完善，没有有效形成教育合力。部分聘用的宿舍管理人员文化程度较低，难以满足学生成长需求，容易与学生发生冲突，甚至产生矛盾。

第二节　哈佛大学本科生宿舍管理制度

哈佛大学是高等教育领域最知名的品牌，其全球知名度可以和可口可乐公司相提并论。1636 年创立时校名是剑桥学院，1640—1780 年剑桥学院更名为哈佛学院，1780 年哈佛学院根据马萨诸塞殖民地宪法改称哈佛大学。哈佛大学现设文理学院、法学院、商学院、医学部、拉德克利夫高级研究所等十余个院、部、所，本科生教育集中在文理学院所属的哈佛学院。虽然商学院、法学院等专业学院都声名远扬，自始至终哈佛学院才是哈佛大学的心脏，哈佛校园里最趾高气扬的不是商学院的研究生，也不是法学院的研究生，而是哈佛学院的本科生，只有哈佛学院毕业生才被认为是真正的“哈佛人”。哈佛大学除了为学生提高卓越的课堂教学以外，也提供以宿舍楼为中心的丰富多彩的学习成长机会。

一、哈佛大学的住宿制

（一）17 ~20 世纪初的住宿制：从模仿到废弛

哈佛大学创办伊始，一直寻求在生活和学习之间建立联系。1638 年哈佛大学只有伊顿（Nathaniel Eaton，1607—?）1 名教师，他既是教师又是校长，同学生在校内共同学习与生活。1642 年邓斯特校长（Henry Dunster，1609—1659）筹集 1000 英镑建成一幢多功能建筑，这就是著名的老学院，目标是提供住宿和诵读的场所，完成了英国牛津/剑桥式的住宿制。老学院模仿英国剑桥大学伊顿学院，既是学生学习的中心，又是学生生活的场所，一层大厅是学生祷告、听讲座、就餐和学院举办大型活动的场所，二楼是教师宿舍和图书馆，两翼是学生宿舍、办公室和厨房等。新生入学后，一般被安排在可以居住 3 ~4 人的宿舍里，宿舍里有 1 名同班同学，另外 1 ~2 人是四年级学生。低年级学生是高年级学生的仆役，必须服从并承担无报酬的差役和服务，早上起床后为高年级学生整理床铺，准备洗漱用具，准备早餐，整个白天随时听候使唤，直到晚上高年级学生入睡为止。1667 年校监委员会明令废止高年级学生役使低年级学生的做法，但是直到 19 世纪中期以前这一传统还在哈佛校园内盛行。17 ~18 世纪，甚至到 19 世纪中期，哈佛大学的规模都不是很大。1869—1909 年，艾略特（Charles W. Eliot，1834—1926）担任哈佛大学校长，哈佛大学教师从 1869 年的 23 名增加到 1911 年的 169 名，在校生从 529 名增加到 2217 名❶。富家子弟住在豪华的私人府邸里，贫寒子弟住在寒酸的学生宿舍里，过去宗教、学术、社会生活三合一的学院式生活传统消失殆尽，学生之间缺乏必要的社会性人际交往。

（二）20 世纪 30 年代的住宿制：改造重振

1909—1933 年，罗威尔（A. L. Lowell，1856—1943）担任哈佛大学校长。罗威尔对以财富、学校及波士顿社会为基础的社会分层强烈不满，他指责哈佛大学缺乏必要的社会教育环境，无法将伦理和宗教教育落实到学生日常生活里。罗威尔相信，年轻人的大学教育不仅局限在课堂中进行，也应在日常生活中进行，大学为年轻人创造一个优良环境至关重要。罗威尔呼吁："大学的目标是同社会互动，而不是复制当代文明缺憾。"❷ 罗威尔在就职演说中强调，人类的天性是社会性动物，美国大学也要发展人类的这种能力，把学生培养成社会公民。罗威尔认为："性格不仅取决于所接受的教育，而且在很大程度上取决于他们所处的良友氛围。"❸ 罗威尔说："不同班级、不同类型和不同协会的本科生和导师生活在同一社区里，在同一食堂就餐，全新的交往、惬意的谈话、深厚的情谊就会兴盛起来……简短地说，2～4 年级学生同住在一幢宿舍楼里，提供了不同年龄本科生之间，以及学生同导师间文化交流的机会，因而增强对学术问题的兴趣，补充并强化了正规教育。"❹ 罗威尔努力在哈佛大学推行住宿制，把学生学习和生活完美结合起来。

---

❶ Harvard College. The Undergraduate House System [EB/01]. http://www.news.harvard.edu/guide/students/stu10.html, 2013－08－10.

❷ Samuel Eliot Morison. Three Centuries of Harvard 1636—1936 [M]. Cambridge: Harvard University Press, 1937. 444.

❸ R. N. Smith. The Harvard Century, the Making of a University to a Nation [M]. New York: Simon and Schuster, 1986. 69.

❹ Harvard College. THE HOUSE SYSTEM history of house system [EB/01]. http://www.college.harvard.edu/student/houses/history/index.html, 2005－08－10.

1910—1914 年哈佛大学先后建成了三幢学生宿舍楼，1915 年所有新生都住进了校内宿舍楼。1916—1928 年沿着“新天地纪念大道”又新建了四座新生宿舍楼，附有餐厅、公共寓所和能够容纳 1 ~ 5 名学生的现代化套房，罗威尔理想中的住宿环境接近完成。1926 年哈佛大学决定把 2 ~ 4 年级本科生同 1 年级本科生分开居住。为此，哈佛大学着手建设默里逊宿舍楼。恰逢此时，哈克尼斯（E. S. Harkness）的巨额捐赠成就了哈佛现代住宿制。1930—1931 年哈克尼斯捐赠 1300 万美元建成了 7 幢宿舍楼，1930 年新建邓斯特楼、艾略特楼和罗威尔楼 3 幢宿舍楼，1931 年建成亚当斯楼、科克兰德、勒维芮特和温思奥普 4 幢新宿舍楼。1933 年哈佛大学具备能为所有本科生安排校内宿舍。20 世纪 50 ~ 70 年代，哈佛大学入学人数激增，1959 年、1960 年、1970 年又分别建造了昆西楼、勒维芮特塔楼和马瑟楼。1966 年，非住校学生开始使用勒曼楼，该宿舍楼后来成为杜德雷楼的重要组成部分。1971 年，哈佛大学所有宿舍楼都实行男女合住，实现了罗威尔打造一所男女共同生活和学习，没有社会分层的学院的梦想。罗威尔在一份总结报告中骄傲地说：“这些宿舍楼如同珍珠蚌，里面也许会孕育出珍珠。”❶

（三）哈佛大学住宿制的现况：稳步发展

哈佛大学为 1 年级新生单设宿舍楼，与 2 ~ 4 年级本科生分开住宿。哈佛本科生学院新生居住在最具历史意义的中心地带——哈佛大院或附近的三栋新生宿舍楼里：深红色楼、榆树楼和常春藤楼。每年 8 月中下旬，哈佛学院新生都会收到住宿安排信息，有主管新生主任及室友的名单和联系方式。新生主任根据住宿申请把学生组合为 2 ~ 6 人的住宿小组，若干住宿小组再组成 1 个住宿注册单位或新生导师监护单位，每个单位构成 1 个注册班级。新生主任办公室工作人员在安排学生住宿时，主要依据学生自我介绍，并尽

❶ Richard Norton Smith, The Harvard Century——The Making of a University to a Nation. Simon and Schuster, New York, 1986, p. 95.

可能满足学生对住宿小组类型和规模的偏好。哈佛本科生学院要求学生彼此宽容、彼此体谅、尊重彼此的生活习惯和个性，同室友、新生导师、新生主任办公室高级工作人员共同解决住宿中出现的种种问题。新生住宿要签署包含三项条款的协议：学院有权随时调换学生住宿；新生主任助理有权安排所有学生住宿；学院老师有权巡查宿舍管理。每年春天，1 年级学生被重新安排到 12 幢 2～4 年级本科生宿舍楼里，他们可以随意组合为 2 人以上的小组共同申请，没有特别的组合要求和规定。❶

哈佛大学 13 栋 2～4 年级本科生宿舍楼，其实每栋宿舍楼并非单 1 座楼房，而是由若干宿舍楼组成的楼群。约 97% 的哈佛大学 2～4 年级本科生住在 12 栋宿舍楼里，非住校生与研究生住在第 13 栋宿舍楼——杜德雷楼。13 栋宿舍楼中，7 栋楼名是为了纪念哈佛大学有突出成就的校长，2 栋楼名来自殖民地时期对哈佛大学有重要贡献的马萨诸塞海湾总督和美国第 1 位天文学家的姓名，2 栋楼名来自哈佛大学重要的捐助者姓名，1 栋楼名来自美国声名显赫的家族，另有 1 栋楼名来自哈佛大学校友。❷ 每栋宿舍楼都有自己的宿舍、食堂、图书馆、运动队以及社会活动，帮助学生建立各种联系并逐步走向成熟。宿舍楼的功能绝非单单住宿，而是学习、生活、娱乐、健身、交际等诸多功能融为一体。每位哈佛本科生都和 1 栋宿舍楼关联，每位学生拥有 3 年的楼员资格，每栋宿舍楼住 330～450 名学生，他们在宿舍楼学习、获得证书、增进友谊。宿舍楼拥有食堂、公共休息室、图书馆、学术和文化娱乐活动的设施，提供很多师生互动、同学交往及教学机会，例如各栋宿舍楼都开设辅导课程、小班课程和习明纳课程，举办社会服务、表演、音乐会、讲演、特殊宴会和晚会、各种运动队的校内比赛等。

---

❶ Harvard College, Freshman Year, http：//www. fas. harvard. edu/ ~ fdo/publications/handbook0405/freshman. htm, 2013 －08 －10.

❷ Harvard College. THE HOUSE SYSTEM histories of the houses ［EB/01］. http：//www. college. harvard. edu/student/houses/histories/index. html, 2013 －08 －10.

每栋宿舍楼都设有高级公共寓所，住着所有与宿舍楼相关的非本科生成员：舍监、导师、其他大学教授、管理者、剑桥社区成员以及舍监批准的访问学者等。每栋宿舍楼的许多活动都会请高级公共寓所人员参加，包括特别晚宴、宿舍楼开放日、每周1次的午餐会等。图书馆是每栋宿舍楼的重要组成部分，是学生学习的重要场所，大部分图书馆工作是兼职学生在专职馆员的指导下完成的，图书是由学生、导师及教授共同选定。长期以来，各宿舍楼形成了自己的独特风格，在哈佛大学校园更大的背景下塑造更小的学术与社会共同体。比如，邓斯特楼有悠久的音乐表演与欣赏传统，邓斯特楼鼓励学生使用图书馆、餐厅举办音乐会。❶ 1位哈佛住校生动情地说："宿舍楼生活很美好，我们是1个小型且多样化的共同体，在这里人们真诚地相互照顾，在这里舍监和导师们废寝忘食地创造认知和文化机会，鼓励我们接管。"❷

哈佛大学每幢宿舍楼设有宿舍楼委员会，都安排有舍监（Master）、奥尔斯通·布尔高级导师（Allston Burr Senior Tutor）、教师团准成员（Faculty associates）、导师（Tutors）等，都设有"宿舍楼委员会"（House Committee）。宿舍楼的管理结构可以分为4个层次：舍监、奥尔斯通·布尔高级导师、导师、工作人员（House Staff）。一般都会设有舍监办公室、舍监助理办公室、高级导师办公室、高级导师助手办公室、主管办公室（Superintendent's office）。每幢宿舍楼都有1名舍监统管，舍监由教师团的高级成员或高级行政管理者担任。舍监把所有热情投入到精神和世俗的、内部和外部的、未来和眼下的宿舍楼相关事务，维护宿舍楼权益，确保学生安心学习。舍监有权任命宿舍楼工作人员，安排个别指导，指定高级公共寓所，确定宿舍楼活动、宿舍楼功能基调。每幢宿舍楼设有1

---

❶ Harvard College. THE HOUSE SYSTEM [EB/01]. http://www.college.harvard.edu/student/houses, 2013-08-10.

❷ Harvard College, The House System, http://www.college.harvard.edu/student/houses, 2013-08-10.

名奥尔斯通高级导师，负责学生学术和健康事务，是学生训导主任，是行政管理委员会的宿舍楼代表，通过三餐、宿舍楼活动、工作时间和偶然接触为学生提供帮助。宿舍楼工作人员包括舍监助理、宿舍楼管理员（House Administrator）、奥尔斯通高级导师助理、建筑管理员、餐厅管理员等。舍监助理是每幢宿舍楼主要的管理员，职责是与舍监一同工作，保持与哈佛学院行政管理人员联络，落实学院和宿舍楼的政策，管理宿舍楼办公室，规划宿舍楼活动。奥尔斯通高级导师助理或工作人员助理（Staff Assistant）负责回答学生日常的学术问题，为各种职前和奖学金委员会（pre - professional and fellowship committees），为导师提供帮助，帮助准备每周一期的《管理委员会摘要》，落实并维持办公室制度和程序。建筑管理员负责宿舍楼设施的维护等。

1 名哈佛大学宿舍楼舍监说："在我看来，宿舍楼最重要的角色是在一所伟大的大学里担当了教化代理机构，任何时候它的首要功能应该是与过去及未来达成妥协，并把它的发现传递给下一代。关于大学的这个理念，我觉得落实的理想途径在古代遗产和所有伟大的文明中业已存在，那就是师徒授受关系——尽可能地以广泛互动的方式交流传授知识。事实上，最有效的功课往往在最漫不经心的时刻获得——在喝茶、做杂务甚至是在晚上寻欢作乐的时候。不幸的是，现代生活方式使得这种教学方式越来越不现实了，我无法想出比住宿制更好的方法矫正这种失衡。"❶

二、哈佛大学的导师制

住宿制同导师制的关系是彼此交融、相互配合、紧密结合的，但哈佛大学早期没有形成英国牛津/剑桥大学那样完备的导师制。整个 17 世纪，哈佛大学教师从未超过 3 人，直到 1720 年学校也只

❶ Harvard College, The House System, http://www.college.harvard.edu/student/houses, 2013 - 08 - 10.

有1名教授和4名导师。❶ 美国独立战争前，哈佛大学毕业人数最多的1771年仅为63人，独立战争期间毕业生人数更少，1810年毕业生首次恢复到战前的63人❷。18世纪末到19世纪初，哈佛大学共任命42名导师。20世纪30年代，哈佛大学校长罗威尔对重振导师制的贡献很大。哈佛大学现行本科生导师制包括新生辅导、住宿辅导、专业辅导、学习咨询处的辅导、就业服务办公室的辅导、国际项目办公室的辅导六个组成部分，它们共同为学生提供咨询服务。新生辅导、住宿辅导、专业辅导是学生获得咨询和辅导的主渠道。导师制不仅使哈佛大学的导师们树立了更好地培养有抱负学生的信念，也使学生们的学习态度产生了巨大变化，极大地提高了学习成绩，每个毕业班大约有40%的学生在专业领域获得了荣誉学位。❸

（一）新生辅导：做好家长替代物

大多数新生是第一次离开家庭、离开父母，迈出自主人生重要的一步。为了让学生能够顺利度过人生这一关键过渡期，哈佛大学专门为新生安排特别指导。哈佛学院前院长杨（W. C. Burriss Young）告诫学生家长说："年轻人开始了自己的生活历程，不要试图强迫孩子走你设定的道路，你们已经一同航行了17年。两个掌舵人同时驾驶一艘轮船是很困难的，你可以通过一切手段帮助他，但是要记住这是新的航程，是另外一个人的航程。"❹ 新生主任办公室（Freshman Dean's Office）主任、主任助理，负责1年级新生的全面生活，负责监管1年级新生的辅导项目，协同各学系共同帮助学生规划学术发展方向。新生主任助理定期到办公室坐班，是辅导小组各类成员的交汇点，为新生提供学习及生活建议和咨

---

❶ 林玉体．哈佛大学史［M］．台北：高等教育文化事业有限公司，2002．49．

❷ 林玉体．哈佛大学史［M］．台北：高等教育文化事业有限公司，2002．69．

❸ Samuel Eliot Morison，Three Centuries of Harvard：1636—1936，New York：Harvard University Press，1994．448．

❹ Harvard College. Adapted from remarks by Dean W. C. Burriss Young（1933—2002）［EB/01］．http：//www. college. harvard. edu/student/houses，2013－08－10．

询，在课外活动和学术事务中承担特殊责任，也是新生宿舍楼的学术和住宿主任。3 名新生主任助理分别住在 3 幢新生宿舍楼里，因此也称新生住宿主任，负责新生宿舍楼的管理工作。新生主任助理的地位相当于 2～4 年级宿舍楼的奥尔斯通（Allston Burr）高级导师。每年新生有 1600 名左右，每位新生住宿主任负责大约 550 名学生，奥尔斯通高级导师则负责 330～450 名学生。办公室工作人员指导新生学习处理与室友、教师、导师和新生主任之间的关系，大多数新生很快就能适应哈佛学院的生活。

新生导师委员会（Board of Freshman Advisers）大约由近 300 名教师团成员、行政管理者、文理学院研究生及专业学院的学生组成。每位新生都安排有导师，同导师交流很重要，尤其是秋季学期初和其他几个需要做出重要决定的时刻。许多新生担心导师不了解自己，他们习惯和高中教师之间那种随意和不正式的亲密关系，忘记建立这种关系需要时间和双方努力。虽然导师们不能回答新生的所有问题，但他们可以告诉新生到哪里寻找答案。1 年级新生也常常咨询课程主任、教学人员、导师主任和各学系的老师，他们还可以咨询学习咨询处、大学卫生服务处和大学里其他专业办公室的工作人员。

（二）住宿辅导：兼顾学习和生活[1]

1. 一年级住宿辅导

哈佛学院新生集中居住在深红色楼（Crimson）、榆树楼（Elm）和常春藤楼（Ivy）三幢新生宿舍楼里。除了上文提到的新生主任助理，每幢新生宿舍楼都有两位高级住宿导师，还有若干住宿导师（即新生导师）和非住宿学术导师。此外，高年级学生也受命帮助新生从社会和学术各方面融入哈佛社区。

住宿导师负责新生生活和学习的全面引导，住宿导师教育背景

[1] Harvard College, The House System, Structure of House Administration, http://www.college.harvard.edu/student/houses/structure/index.html, 2013－08－10.

各不相同，他们来自哈佛学院行政管理人员、哈佛学院的毕业生、研究生院或专业学院的在校生。甄选依据是心理成熟度、工作热情、富有同情心、明白事理、处理青少年事务的经验。他们多数情况下和1年级学生居住在一起，如果不能和学生住在一起也要保证学生能方便地接触。1名住宿导师负责辅导15~40名学生。他们通常向学生提供学术和社会咨询，倡导宿舍个人和集体行为标准。绝大多数新生（大约每届3/4的学生）可以从住宿导师那里获得学术建议和个人生活建议，大约2/3学生的学术课程是住宿导师建议选修。目前，哈佛学院有62名新生住宿导师，平均每位住宿导师负责26名学生（最少20名、最多35名）。

非住宿学术导师可以是教师团成员、行政管理人员或哈佛学院社区的其他人。非住宿学术导师与新生共同探讨学术问题或其他问题，通常是提供新生感兴趣的学术辅导，大约1/3新生的学术课程是非住宿学术导师建议的。非住宿学术导师的数量每年都有变化，2005年约有232名，平均每位导师辅导2名学生，即460名新生配有非住宿学术导师，其余近1200名新生的住宿导师需要同时兼任学术导师，每位住宿导师平均还要同时负责近20名新生的学术问题（最多24名、最少11名）。

2. 二至四年级住宿辅导

每幢2~4年级本科生宿舍楼有若干住校或非住校的导师，他们是研究生或教师团的初级成员，导师动员宿舍楼本科生组织各种智力的、文化的、课外的活动。2~4年级宿舍楼辅导主要关注更广泛的学术问题和个人事务。舍监、高级导师、住校导师和非住校导师就各种学术和非学术的主题给学生提供辅导。高级导师是宿舍楼住校的学术主任，监管宿舍楼的各项学生辅导工作。根据宿舍楼规模，配备18~27名住校导师，他们通常是文理学院或其他专业学院的研究生，利用各自学术专长为本科生提供辅导。每位住校导师负责20~30名本科生，他们通常住在同一楼层或同一单元。各宿舍楼还会协同就业服务办公室，提供法律、医学等专业辅导。

2~4年级本科生进入专业学习，专业课程和专业要求辅导成为各学系的职责。宿舍楼辅导只是补充。除了专业辅导，每幢宿舍楼还提供系统的非专业辅导，具体内容各宿舍楼都不一样。

（三）专业辅导：涵养学术兴趣

2~4年级本科生学术指导分为专业领域内的指导和专业领域外的指导两部分。专业领域外的学术指导由各宿舍楼的奥尔斯通高级导师负责。专业领域内的学术指导由1名该专业的教师团成员负责，他被指定为导师主任或本科学习主任（Director of Undergraduate Studies）。各专业的辅导制度不尽相同，但都是由导师主任或本科生学习主任（通常是拥有终身教职资格的教师）负责。导师主任、本科生学习主任和其他助理、副职或执行人员统称为专职导师，他们都是经过良好培训的专业导师，学校鼓励他们终身做导师，虽然也可能兼课，但其主要职责是学生辅导。有些专业规模比较小，导师主任或本科生学习主任就是该专业所有学生的导师。在规模大的专业里，学生有专门安排的导师，或者可以接触到定期上班的导师委员会（Board of Advisers）成员。在规模大的专业里，还会为学生专门安排导师，或者让他们向定期上班的导师委员会（Board of Advisers）成员求教。部分专业依靠本专业的研究生为本科生提供辅导，有时候通过宿舍楼来组织。也有部分专业安排本专业高年级本科生做同伴导师，通常在新生专业推介会和专门小组讨论课上出现。各宿舍楼协助就业服务办公室，提供法律、医学等专业确定前的辅导。2~4年级本科生已经进入专业学习阶段，专业课程和专业要求辅导成为各学系的职责。

例如，邓斯特楼有66位住校的和非住校的导师，导师分别提供生物、化学、物理等几十个专业相关的学术辅导。邓斯特楼的医学预科委员会（Premedical Committee）负责指导学生如何做出医学职业决定，以及如何申请医学院。医学专业非住宿的导师提供的咨询是指导体系中最重要的方面。同时，住宿的两位医学专业导师也可以随时提供指导。他们还提供其他渠道：医学职前手册、调查问卷、学生导师花名册、委员会网站、宿舍楼办公室提供的网络连接。

第三节 耶鲁大学本科生宿舍管理制度

耶鲁大学始建于1701年，初名为大学学院（Collegiate School），1718年改称耶鲁学院，1887年更名耶鲁大学。1872年，耶鲁开始由学院向大学转型，1887年正式转变为一所多学科综合性大学。19～20世纪陆续成立文理研究生院和专业性学院，现由1个耶鲁学院、1个文理研究生院和13个专业学院三部分组成，本科教育全部集中在耶鲁学院。迄今，耶鲁大学共培养5名美国总统、533名国会议员在内的众多政界显要、商界名流和科技界精英。此外，美国40余所高校的奠基者或首任校长来自耶鲁校友，耶鲁大学因此被誉为“学院之母”。耶鲁成立之初并无专门校舍，也不给学生提供住宿，学校第一位学生是住在校长家里学习，直到1716年耶鲁才开始有固定教学场所，但是耶鲁在美国大学中首创了住宿学院。

一、耶鲁大学的住宿学院

住宿学院是耶鲁大学本科生教育引以自豪的教育特色，是耶鲁本科生教育的中心。耶鲁大学意识到，研究型大学的优势是为学生提供广博的学习机会，让学生在知识传播和创新过程中与著名教授接触。同时，研究型大学规模庞大、机构繁多，弱化学生年级意识、减少师生及同学间交往，不利于师生有效交流。20世纪30年代起，耶鲁大学陆续建成14个住宿学院，并赋予它们特殊的教育功能和使命。目前，95%的耶鲁本科生住在住宿学院。住宿学院不仅是住宿的场所，更是和谐融洽的社区，既能为学生提供亲密的学院生活氛围，又能提供研究型大学的全部资源。一般认为，耶鲁大学的住宿学院模仿了牛津大学、剑桥大学，并进行了本土化改造。复旦大学、墨西哥、新加坡国立大学等深受其影响。

（一）学生住宿安排有序

新生入学前，耶鲁大学都会用微机处理学生的基本信息，如性格、爱好、家乡、入住要求、学习经历、生活习惯、种族或族群、体育爱好、家庭社会经济地位、来自私立或公立学校等，按学生背景多样化及学院间平衡发展的原则排列组合，为学生提供多样化交流的机会。与哈佛大学类似，耶鲁大学把 1 年级新生集中安排在老校园住宿。老校园以操场为中心，四周都是宿舍楼，每栋楼原则上安排一个住宿学院的新生，每个楼层配有 1 名 4 年级学生充当管理员，负责帮助新生适应新的学习生活环境。这种安排有助于学校集中人力进行新生入学教育，消除了新生的陌生感、拘束感。2 年级以后，本科生就要移居到真正属于他们的住宿学院。耶鲁大学将爱好相同的学生安排在一起以创造良好的文化氛围，也会尽量让生活习惯迥异的学生分开以减少矛盾。大多数住宿学院的房间都是套房，便于学生之间更好地沟通交流。住宿学院房间构造不同，每学年期末考试后会对学生的房间进行调整，以示公平。学生可以选择下学期的室友，一起申请自己喜欢的套间，管理人员则根据供需情况进行调配。

（二）住宿学院设施完备

住宿学院建筑经过精心设计规划，每个住宿学院都有自己独特的庭院、食堂、娱乐室、图书馆、微机房及活动场所等，独特的院徽和院衫增加了集体荣誉感和凝聚力。食堂可容纳 200 ~ 300 人，非就餐时间学生可以在此学习、谈话或举办大型活动，许多重要的社交活动都在食堂进行，如每月院长茶话会，每学期新生欢迎仪式等。可见，食堂不仅是学生和工作人员用餐的场所，也是师生交流高效而方便的途径。食堂附近有一间较大的公共娱乐室，配备电视、DVD、音响、沙发、游戏机、体育器械、自动贩卖机等休闲娱乐设施，学生可以举行小型聚会、观看电影、进行体育活动、结交志同道合的伙伴等。图书馆是学生自习、阅读休闲的最佳场所，图书馆藏书多是耶鲁中心图书馆淘汰的旧书，也有学生及学院自行购买的书籍，馆里还配备网络接口。图书馆没有固定管理员，图书可以自由带进带出。微机房配备 8 ~ 10 台计算机，1 台打印复印机和若干网线接口。机房有管理人员，在固定时间帮助学生解答问题。

（三）住宿学院生活丰富

住宿学院为耶鲁本科生提供了独一无二的学习生活体验。住宿学院每周末预告下周活动安排，有学生自己组织的社团活动、演出和体育比赛，也有定期名人讲座和舍监茶话会。住宿学院平时或假期会在院内小教室开设音乐欣赏、诗词写作、摄影等课程，课程结束组织学生汇报演出，比如音乐会、诗歌朗诵、作品展览等。住宿学院给学生提供了广泛的交流平台，让他们更多地接触到平时课程或其他活动接触不到的人。学生能接受到学院独特的历史和传统的熏陶，很多学生在住宿学院建立了终生友谊。住宿学院成为整个耶鲁大学的缩影，学生们既能在这里体验到家庭般的亲密关系和凝聚力，又能够体验到世界一流大学的活力和资源。

二、耶鲁大学的本科生辅导

住宿学院和学系之间形成矩阵式结构，学系负责制定教学标准和学术规范，负责专业知识的传授与创新；住宿学院负责课外学生辅导，为学生提供学习、生活与社会交往的环境，让学生增进友谊、培养集体主义精神。兼任住宿学院导师的教师有两个主管，学系主任要求他们具有科研创新知识，住宿学院舍监要求他们指导学生工作、促进学生全面成长。教师绩效评估、升职、加薪时，需要两个主管共同合作进行。学生隶属于住宿学院而不是学系，为学生自由选择专业、选修不同学系课程提供了便利。

（一）学生辅导团队

住宿学院配备 1 名舍监（Master）、1 名训导主任（Dean）和约

50名工作人员（Resident Fellows），为学生提供课程选修指导、课外活动辅导、安排与导师交流等。住宿学院安排各类导师为学生提供学术性及非学术性辅导和咨询服务，包括住宿学院训导主任、新生辅导员（Freshman Counselor）、新生导师（Freshman Adviser）、学术导师（Faculty Advisor）、写作导师（Writing Tutor）、研究生助教（Graduate Affiliates）、学生代表（Student Representative）和本科学习主任（DUS）等。舍监是住宿学院的最高负责人，主管学院财务、资产保障和学生文化生活，代表学院官方出席活动，负责邀请各领域的名流讲演等。舍监、训导主任在住宿学院内拥有套房，可以全家人住在学院里同学生一起生活。工作人员多是耶鲁大学正式教师或行政管理人员，大部分住在住宿学院公共寓所或老校园，其他人则在住宿学院专设办公室协助舍监、训导主任工作。住在老校园的工作人员定期组织活动，让新生了解学校提供的各类资源，包括学术辅导、医学院预科规划、暑期工作和实习、国外留学等。每个住宿学院都有1名行政秘书，帮助舍监、训导主任处理日常工作，如宿舍分配、集体活动准备、通知转达以及学院运转安排等，兼有为学生提供生活指导的责任。学生代表负责向住宿学院汇报学生情况、举办文体活动、参与学院日常管理、参与制定学院政策。例如，新学期组织迎新活动、组织学生经营饮料店、安排学生轮流当图书管理员等。

（二）新生辅导工作

开学之初，住宿学院安排新生导师和学生见面，1名新生导师负责4~5名新生，随后安排一对一谈话，认真听取学生的学习兴趣、目标和关注点，同新生讨论、修改、试听新学期选修的课程、在课程选修单上签字等。期中和期末新生与新生导师见面，分别汇报课程学习进展和下学期的设想。新生辅导员从耶鲁三年级学生中选取，由训导主任面试并从中挑选，四年级时上岗工作，新生辅导员免缴住宿费、餐费。老校园楼内每层都安排1名新生辅导员，每100个学生有5~6个新生辅导员，他们告诉新生如何充分利用学院各种资源的第一手经验和建议，为新生提供有关课程选修、课外活动选择、个人生活等方面的很多信息，帮助他们加强交际能力、确定专业发展方向等。新生导师来自耶鲁大学教师团或行政管理人员，他们义务地同学生探讨学术兴趣及个人抱负，综合指导新生制定第一年学习计划，帮助学生思考更宏观的问题和规划、获得相关资源，让学生尽快适应耶鲁学院的学术文化。新生入学，各学系、卫生职业咨询委员会、本科生职业服务部、国际体验中心等都会安排工作人员同学生见面。

（三）学术辅导工作

四年里都会安排相应的学术导师帮助学生选课、制订学习计划或确定主修专业，这些学术导师不一定熟悉每一门具体课程，但可以帮助学生联系相关教师。学术导师由舍监和训导主任从教师团成员中挑选，一般对教学背景、年龄没有要求。每学期学术导师与学生约定时间单独见面，每一位学术导师辅导 3 ~4 名学生，学术导师每周应提供 10 小时辅导。每位新生入校时都会在住宿学院被指定 2 名导师，1 名负责学术指导，1 名负责论文写作。第二学期起，学生可根据专业方向选择二年级学术导师，他们负责帮助学生选修课程、规划第二年学习项目。老校园新生辅导工作由学术导师与新生辅导员分担，住宿学院二年级学生的指导工作由学术导师与研究生助教分担。各学系设有本科学习主任，规模比较大的学系在住宿学院设有代表，负责和学生讨论学系开设的课程及专业必修课等。三、四年级的导师是学生本系的教师团成员，通常是学系的本科学习主任。研究生助教来自各院系，每周在固定时间与地点轮流为学生提供专业方面的介绍和学习辅导，协助导师工作。例如，留学归国的助教可为本科生介绍国外大学情况、申请出国步骤；相关专业的研究生助教为本科生介绍专业前景、解决课程学习的问题等。研究生助教不仅能为导师分担课业指导方面的咨询工作，而且能为本科生带来最新学术信息。

训导主任是学生最主要的学术导师，负责监管住宿学院的咨询网络，回答有关学术必修课的问题，并为学生获取其他辅导资源。每学期开始批准学生选课单，学习过程中安排学生向陌生教员请教，定期探望住在老校园的新生，参与师生共同活动，如集体用餐、参加社交活动等。训导主任配有 1 ~2 名工作助理。本科学习主任配合训导主任指导具体课程选修或必修课相关问题。学生还可以通过年度学术集会（annual Academic Fair），从本科学习主任、其他教师那里获得课程、分班考试、各专业预备知识等方面的指导。住宿学院高度重视培养学生的写作能力，写作导师是从社会上聘请的知名学者、作家、科学家等，他们为学生提供各领域专业论文写作指导。写作导师每周在学院内有固定工作地点、工作时间，学生通过预约找这些导师解决论文写作方面的问题，如课题确定、思维创新、论文修改及格式规范等。

第四节　美国大学学生宿舍管理制度的启示

西方大学很早就注意发挥学生宿舍在学生成长及道德品质教育中的作用，住宿学院制源自英国古典大学，至今已有800多年的历史。住宿学院实质上是一种基于宿舍由学生和教师共同构成的小型学习社区，它指向课堂教学以外的教育和指导，旨在帮助学生融入大学生活，形成对大学文化的认同感和归属感，体现了一种环境育人教育理念。住宿制管理往往与导师制紧密结合在一起。英国、美国、加拿大、澳大利亚、新西兰等国的著名院校本科生教育绝大多数继承了这一传统，哈佛、耶鲁等世界一流大学在继承欧洲传统的基础上形成了各自的特色。近年，国内部分研究型大学开始试行住宿学院制度。复旦大学以美国实践为蓝本，结合古代中国书院模式，全面推行本科生住宿书院制度；上海大学将班级建在宿舍里，变以传统班级为单位为以宿舍为单位开展学生活动，宿舍成为学生最有归属感的地方。此外，西安交通大学、汕头大学、福州大学等高校也在进行类似的实验，以宿舍为载体的教育探索正以一种密集姿态进入人们的视野。需要指出的是，实施住宿学院制度需要雄厚的资金投入作为保证。

一、践行全人教育理念，充分挖掘学生宿舍的育人功能

国外经验表明，住宿学院制度虽然在不同的大学有不同的表现形式，但共同点是都高度重视住宿学院的隐性教育功能，将其作为课堂教学之外最有效的育人场所。住宿学院关注学生的感受和体验，关注如何为学生的全面发展提供服务，从建筑设计、功能设置、管理模式、活动开展等各个方面都体现出了深刻的以人为本的理念。在住宿学院中，精心设计的建筑风格给学生独特的自豪感和归属感。以与学院有关的人物命名给学生以厚重的历史感和责任感。功能齐全的文体活动场所给学生的充分交流提供了足够的空间。丰富的文化交流活动给予学生认识社会、融入社会的机会。人性化、灵活的管理模式可以满足学生的个性和兴趣的发展需求，同时学生的隐私也可以得到充分的尊重。跨专业混合住宿和灵活的人员给学生以接触各个知识领域的机会……对于学生而言，在其享受这些优越条件的同时，隐性教育已经对其产生了巨大的潜移默化的影响，大学所秉持的理念、所追求的教育目标在无形中得以实现。

学生辅导工作应有更深的内涵，不仅要关注学生的学术专业学习问题和个人生活情感问题，还要尽量建立长期的师生关系、校友关系，关注课外活动、学生个人兴趣等问题。从本质上看，我国思想政治教育同西方学生辅导工作是相通的，最终目标都是促进学生德智体全面发展，根本途径都是课堂内外相结合、教师学生相配合，是全人教育思想的具体体现。我国多数高职院校对学生思想政治教育的理解过于狭窄，内容往往局限于政治意识形态的硬性灌输，对于学生个人需求、兴趣和全面成长关注不够；实现途径也偏重两课的课堂教学，忽视学生宿舍等其他生活场景的育人功能。其实，思想政治教育应该以课堂教学为主渠道，同时可以延伸到宿舍

楼、图书馆、校园日常生活的方方面面，思想政治教育通过教师、辅导员融入到学生专业学习、职业选择、日常生活等方面，为学生未来发展打下更好的基础。高职院校传统僵化的宿舍管理模式已经不能适应新时代教育要求。以学生宿舍为重要育人阵地，将思想教育扎根学生宿舍，突出思想政治教育在宿舍管理中的主体重心地位，全面渗透以人为本的理念，建设良好的宿舍环境和人性化的宿舍制度，给学生提供足够的人文关怀，让学生真正认同宿舍即家园的理念，进一步丰富思想政治教育的内涵，是非常值得提倡的。哈佛大学前校长罗威尔（ A. L. Lowell，1856—1943）认为，大学教育不应仅仅局限于课堂，还应在日常生活中进行，为学生创造优良的环境对大学教育而言至关重要。思想政治教育工作又何尝不是如此呢？

二、健全体制机制，增强思想政治教育工作的协调性

我国高职院校对学生辅导工作还是比较重视的，如设院系党支部书记，安排本科生辅导员，配备宿舍管理员等。此外，还有心理咨询室、外事处、学工部、共青团等机构。但是，学生普遍对学生辅导工作满意度不高，辅导工作存在行政化、官僚化不良倾向，部门服务意识不足，部门间协调不足等。就学生辅导工作而言，中国大学与美国大学在组织设计、人员安排、职责划分、管理协调等方面存在着很大差距。哈佛大学为本科生安排专业导师和普通导师的做法，尤其是设立同伴导师项目值得我们借鉴，对我国现阶段提高高等教育质量有重要启发意义。耶鲁大学住宿学院制度是在传统院系结构之外，另外建立一套学生教育管理制度，我国高职院校学生分散在各院系，简单移植是有一定难度的。鉴于我国高校现有格局，可以由各学院党支部办公室作为牵头单位，协调心理咨询室、学工部、外事处、共青团、宿舍楼等部门的工作，共同为学生提供以生活问题为主的服务；由各学院院长办公室为牵头单位，协调各系辅导员、图书馆、教务处等部门的工作，共同为学生提供以学术

问题为主的服务。

三、优化育人队伍，提升思想政治教育的专业性

学生宿舍是思想政治教育的重要阵地，辅导员是我国高职院校思想政治教育工作的生力军，优化辅导员队伍结构、提高辅导员工作专业性是迫切需要解决的问题。耶鲁大学每个住宿学院都有一套完整的辅导体系，舍监、训导主任、新生辅导员、新生导师、学术导师、写作导师、研究生助教、学生代表和本科学习主任等一应俱全，对学生的生活、心理、情感、学习、娱乐、交流等各方面的活动进行全方位辅导。这种体系既保证了一个遍布学院范围内的沟通网络的形成，又提供给学生一对一的辅导方式，对学生顺利完成学习，实现自己的目标有着非常积极的作用。哈佛大学要求，学术导师不仅应对课程辅导驾轻就熟，而且应有能力对学生全面发展负责，应该通晓各种课程要求和教育机会，很清楚要把学生引向何处。为此，哈佛大学专门设立学生辅导办公室，重要职能是协调导师培训工作。鉴于国外经验，我国高职院校首要问题是创建一批高素质、各有侧重的辅导员队伍，应该优化辅导员队伍结构，专业背景应该更加开放，对学术问题、思想问题、情感问题、心理问题等方面的辅导加以分工，还应该保留一定数量的富余人员。辅导员可以来自职称较低的青年教师，也可以是退休教授或退休高级行政管理人员，还可以是在读研究生。应该为他们提供校内免费住处，以方便学生接触。为了减少机构设置，可以由学校党委办公室牵头、学生工作部负责组织相关培训，以提高思想政治教育工作的专业化。

四、完善绩效问责制度，提高思想政治教育的有效性

绩效考核制度是提高学生思想政治教育工作质量的重要保障。耶鲁大学住宿学院和学系之间形成矩阵式结构，兼任住宿学院导师的教师有两个主管，学系主任要求他们通过科研创新知识，住宿学

院舍监要求他们指导学生工作、促进学生全面成长。教师绩效评估、升职、加薪时，需要两个主管共同合作进行。哈佛大学也坚信，良好的学生辅导工作是与绩效问责制度相匹配的产物。我国高职院校的思想政治教育工作是高度分散化的，其中相对更具专业性的当属大学生辅导员的工作，但即便是他们的工作也普遍被看做是低级的、补充工作量的非专业性工作，负责宿舍楼管理员更是以退休的大伯大妈为主流。虽然对相应的工作都有比较繁琐的考核制度，但是考核者和被考核者从来没有把这项工作上升到专业化高度，因此现有考核问责制度的低层次、低水平和低要求在所难免。目前，比较可行的做法是由学校党委办公室要求各学院呈报思想政治教育工作年度报告，把工作成效作为院系教职工年度会议的重要内容，作为教学职位获得和晋升的考察内容，以此强化思想政治教育工作问责，提高思想政治教育工作有效性。应该让思想政治教育工作更加专业化、标准化和信息化、明晰化。

第五节　高职院校学生宿舍的育人模式及实现途径

随着我国高等职业教育的不断发展，高校后勤社会化改革以及学分制的推进，学生宿舍作为大学生日常学习生活的重要场所在高校的育人工作中发挥着越来越重要的作用。教育部《关于进一步加强高等学校学生宿舍管理的若干意见》指出：学生宿舍是学生日常生活和休息的重要场所，是课堂之外对学生进行思想政治工作和素质教育的重要阵地。随着思想政治教育进宿舍、进社团、进网络的“三进”要求，学生宿舍已经成为当下高校学生思想政治教育工作的重要阵地和高校实现教书育人、管理育人、服务育人的重要载体。高职院校要高度重视发挥学生宿舍的育人功效，以学生学习型宿舍建设为抓手，围绕学校育人中心工作，积极探索以职能部门为主导、以学生自律组织为依托的全员育人与学生自我教育相结合的学生宿舍育人新模式。

一、坚持以人为本，加强工作制度建设

高职院校的思想政治工作必须坚持以人为本。既要坚持教育人、引导人、鼓舞人、鞭策人，又要做到尊重人、理解人、关心人、帮助人，要始终坚持以“走进学生，读懂学生，服务学生”为目标。学生宿舍作为高职院校育人的第二课堂，更应明确育人职责，确立以人为本的管理与服务理念，坚持以学生为本，贴近现实，贴近生活，贴近学生，通过“全方位育人、全过程育人、全员育人”，把学生宿舍建成学生“学会生活的课堂，人格培养的园地，思想教育的熔炉，能力训练的基地。”为了明晰学院各职能部门在学生宿舍教育管理工作的职责，高校成立学生宿舍管委会，由分管学生工作的学院主管领导担任管委会主任，成员包括学生工作部、保卫处、团委、后勤等部门负责人和各院系学生工作负责人，管委会下设办公室，负责具体工作的组织实施。在组织保障的基础上加强制度建设，修订颁布加强和改进学生宿舍管理工作的意见，进一步明确了学生工作、安全保卫、后勤服务等部门在宿舍管理服务工作中的职责，理顺了既分工负责又相互配合的工作机制，各有关职能部门在宿舍管理服务工作中的主导作用得到了进一步落实，学生宿舍的育人功能进一步强化，以下以北京青年政治学院为例来说明。

学工部根据《北京青年政治学院学生宿舍管理办法》等规定，制定了《北京青年政治学院（院本部）学生宿舍巡查制度》。学工部、团委、保卫处、总务处、宿管中心与各系（分院）形成多部门联查机制，每周四对宿舍进行联合巡查，确保宿舍有一个卫生、安全、文明的环境。联合巡查由各相关部门负责学生工作的领导、辅导员及部分学生代表共同参与，在学生宿舍服务管理中心日常管理的基础上，对学生宿舍进行联合巡查和记录，对出现严重问题的宿舍，及时下发《宿舍违规整改通知书》，勒令及时整改；对严重违

纪的宿舍根据学院学生违纪处分条例进行处分，并在学生工作例会上进行通报。学工部还要求辅导员要树立“学生宿舍无小事”的意识，在值班期间至少每晚20:00～22:00要到宿舍进行巡视，定期巡查使学生宿舍的违纪行为大幅减少。

此外，学工部一方面定期对大学生宿舍的安全意识、安全用电等情况进行综合全面检查，对在宿舍内使用违规电器、私接电线、纠纷、晚归等情况进行深入了解和严肃处理，并对学生进行教育。对充电后不切断充电器、室内无人不切断电源、室内堆放垃圾、贵重物品随意放置等现象，教育提醒学生整改。对检查的重要问题及时通报相关院系，并督促相关院系进行整改；另一方面为确保学生安全，配合保卫部门，每年组织对学生宿舍管理人员进行消防知识培训，开展学生宿舍消防演练和教育培训，班主任、辅导员、宿舍托管公司工作人员全部参加，按火灾报警、应急疏散、自救互救等程序进行演练和训练，增强学生自我防范和逃生能力。学工部还制订辅导员值班工作流程，遇到突发事件，辅导员要第一时间赶到现场了解情况，并按照工作流程，会同学院相关部门对事件进行调查，针对不同类型不同程度的突发事件采取不同的处理措施。

二、拓宽深度辅导渠道，保证育人实效

辅导员进宿舍是学院“基于年级特点 构建三年一贯制高职学生教育培养体系”中“帮扶计划”的重要组成部分，是加强学生宿舍育人功效的重要举措，是一项综合工程，辅导员以学生宿舍为载体，通过深度辅导的方式，加大与学生的沟通力度和频度，取得了良好的效果。学工部要求辅导员要按照三年一贯制高职学生教育培养体系中关于领航计划、树人计划和卓越计划的要求，将培养“人文素质高、社会责任感强、有一技之长”的合格高职生的人才培养目标贯彻到辅导员日常工作的点滴中，坚持每周至少三次深入宿舍对学生进行学业和心理辅导。除日常进宿舍的深度辅导外，学工部每学期初还要对辅导员进行每天的宿舍排班，保证学生从开学

的第一天到学期末的最后一天，每天晚上在需要时都能及时得到辅导员的帮助。辅导员进宿舍就是要帮助学生建设一个安全型宿舍、学习型宿舍、文明型宿舍。学生工作的特点是以理服人，辅导员要对扰乱宿舍秩序的学生进行面对面地说服教育，让学生认识到不文明的思想及行为的危害性。辅导员的工作不仅要教育人，更重要的是引导人，让学生知道应该坚持什么样的思想并表现出怎样的行为，通过正面说服，让学生将所期望的社会品德要求内化为自己的品德修养，并进而转化为思想品德行为，完成学生自我教育的过程。

近几年，大学生的心理问题越来越突出，由于就业难所带来的失落感，由于家庭贫困所带来的自卑感，由于情感受挫所带来的不自信以及由于同学间的日常交往所带来的恐惧感使得部分大学生存在一定的心理问题、心理障碍，甚至是心理疾病，辅导员只有走进学生宿舍，走到学生身边，才能更好地发现问题，帮助学生解决问题，助力学生成长成才。该校的学生中存在一定比例的特殊群体如单亲家庭学生、身体残障学生、心理障碍问题学生和贫困生等。要求辅导员要有爱心、有耐心、有恒心地围绕“不放弃一个学生”的目标，加大对那些有严重的学习问题、纪律问题、经济问题和身心疾患的学生进行帮扶的力度，利用学生宿舍的便利，用近距离的接触和帮助温暖学生。辅导员进宿舍不仅拉近了师生之间的距离，还有深度辅导的效果。将经验丰富且具有理论高度的专职辅导员安排入住学生宿舍，入住辅导员贴近学生，广泛深入地进行调查研究，努力营造积极向上的学生宿舍思想政治教育氛围，切实把思想政治教育寓于对广大同学的服务中，并结合学生的思想特点创造性地开展工作。入住辅导员带着目标进宿舍、带着问题进宿舍、带着爱心进宿舍，加大与学生的沟通力度和频度，广泛深入地进行调查研究，与学生同吃同住、情感靠近、可以带来理性沟通和思想认同，可以更好地帮助学生解决生活上、学习上和思想上的困难，增强学思想政治工作的主动性、针对性和时效性。

三、抓好学习型宿舍建设，促进优良学风形成

学生宿舍是校园文化的窗口，也是优良学风建设的助推器，学生宿舍对学生成长有着独特功能和影响力，学习型宿舍建设是高职学生思想政治教育的重要抓手。随着思想政治教育进宿舍、进社团、进网络的“三进”要求，高校后勤社会化改革、学分制的推进，班级作为大学生管理单位的作用淡化，学生宿舍成为当下高校学生学思想政治教育工作的重要阵地和高校实现教书育人、管理育人、服务育人的重要载体。北京青年政治学院高度重视学生宿舍的思想政治教育功能，将辅导员进宿舍作为学院加强大学生学思想政治教育的重要举措。宿舍成员长期的共同生活不可避免会互相影响各自的生活方式、学习态度、行为习惯、价值观念和理想信念，形成独特的宿舍文化。干净、美观、优雅的宿舍环境，文明、高雅、优秀的宿舍文化，健康、积极、和谐的宿舍氛围，可以使学生的思想在不知不觉中得到提高，达到“润物细无声”的效果。为进一步推进宿舍文明建设，营造温馨舒适的宿舍环境，培养良好的宿舍学习氛围，提高宿舍文化的品位，打造健康、活泼、文明的宿舍氛围，学院开展“一个宿舍一个家，优秀学风靠大家”学习型宿舍创建活动。学院充分利用党员和学生干部分布在各个宿舍的实际情况，在学生宿舍开展学生党员挂牌、学生干部挂牌制度，“1+1”学长互助计划等活动，通过优秀宿舍、优秀学生干部、优秀学生党员的评选，用榜样的力量感召和引导学生，促进学生的成长成才，达到了良好的效果。

良好的学习生活氛围，助力学生成长成才。以法律系为例，有一个宿舍7名女生中有4名党员，2名入党积极分子，5人连续两年获得奖学金，5人拟被推荐升入联合大学，专业排名占据前6名。另外一个8人的女生宿舍，有2名党员，4名入党积极分子，在英语A、B级考试中以及计算机一级考试中通过率均为100%，2008—2010两学年该宿舍5名学生在全系的排名中占据前15名，7

名在全班的排名中占据前15名，4名同学连续两年获得学院奖学金和助学金，2名同学分别获得了“院长奖学金”和“李大钊奖学金”，4名同学专升本进入北京联合大学就读，4名同学一次性通过法院速录考试现已到各级人民法院就职，6名同学参加了国庆60周年群众游行方阵，3名同学担任2010年北京/中国网球公开赛的志愿者，3名同学在暑期社会实践活动获得了“社会实践奖”。

四、坚持以活动为载体，加强宿舍文化建设

宿舍文化建设是高职院校学生宿舍育人的重要方面，高职院校学生宿舍要有与高等职业教育相适应的人才培养措施。哈佛大学校长罗威尔在竞选校长时说：“在大学里，我相信他们的品格不是仅仅取决于受到的教育，而是在很大程度上取决于处在良好友谊氛围中的共同生活。”[1] 罗威尔认为，任何大学的教育中三分之一来自教室之外的生活，因此最为要紧的是营造新生到校就能沉浸其中的氛围和传统。加拿大斯蒂芬·利考教授在《我见之牛津》中说：“对大学生真正有价值的东西，是他周围的生活环境”。为进一步提高学生文化素质，培养学生集体主义观念，实现“人文素养高、社会责任感强、有一技之长”的人才培养目标，该校认真研究各年级的特点，引入活动育人的观念，将思想政治教育的理念、观点和目的有效地融入各项活动中，促进宿舍和谐关系，营造温馨高雅的宿舍环境，加强同学凝聚力。首先，让宿舍墙壁会说话，在学生宿舍走廊两侧悬挂反映时代特色和年轻人特点的艺术品，编写宣传板报，宣传学生宿舍的各种规定以及学生中的好人好事以及日常生活小常识等，不仅可以增加宿舍文化氛围，带给学生更多的是一种精神的陶冶，而且有助于鼓舞学生积极向上、奋进勃发。其次，通过对各个宿舍进行形式灵活、多样的综合评比，打造“安全意识较

[1] Richard Norton Smith, The Harvard Century The Making of a University to a Nation. Simon and Schuster, New York, 1986: 63.

高、卫生状况良好、学习氛围浓厚、同学关系和谐、宿舍文化健康”的五星级宿舍，给同学们提供相互学习、促进、交流的平台，引导同学们把宿舍打造成为具有该校宿舍文化特点的温馨家园。卫生整洁是宿舍环境建设的基本标准，将宿舍卫生内务检查的结果上墙，使得内务较差宿舍与优秀内务宿舍情况形成了鲜明对比，激发学生进行内务整理的主动性，使学生宿舍的整体卫生在“抓两头”的过程中稳步提高。再次，响应学校诸如节能等的要求，及时在学生宿舍张贴、发放节能相关宣传海报及资料，号召大家响应3月26日“地球熄灯一小时”活动等，都能很好地起到宣传的效果。还有，学生宿舍中配备学生活动室，活动室中较丰富的图书、音像设备带给学生更多的不仅仅是精神的愉悦，还有学生对知识的渴望和对学校向心力的增强。最后，内容丰富的宿舍文化节活动的开展，不仅展示的是学生对宿舍环境布置的巧妙用心，还是对专业学习的活学活用。为进一步提高学生文化素质，促进宿舍和谐关系，营造温馨高雅的宿舍环境，加强同学凝聚力，在学工部、总务处、保卫处、后勤处等部门的大力支持下，辅导员积极协助各系（分院）组织宿舍文化节活动。各种各样的学生宿舍活动，不仅丰富了同学们的业余文化生活，而且也营造大学生宿舍的人文氛围。

以青少系为例，宿舍文化节以评选“学习型”宿舍为载体，号召同学们进行思维创新，结合宿舍管理规定，利用自己所学到的专业技能来布置、装饰自己的宿舍。评比形式采用“印章评比”，评委老师结合宿舍的整体情况为每个宿舍加盖印章，印章数量的多少将决定该宿舍的名次。宿舍文化节以“创意之家，温馨之家”为主题，让同学们自己装饰和设计宿舍，充分发挥各学生宿舍成员想象力，通过装饰宿舍墙壁（禁止乱涂和张贴低俗海报）、天花板、摆放富有特色的饰物或利用照片、彩带等进行装饰，创建了一个团结、先进、和谐、高雅、温馨的宿舍文化氛围。经过同学们的团结协作、精心构思，宿舍被装扮得“书香”十足，藏书角、座右铭、诗词壁画等使宿舍充满了浓厚的学习氛围，参赛宿舍还选派了宿舍代表担任各部分设计的解说，给评委们留下了深刻印象。各种各样的学生公寓活动不仅丰富了公寓的业余文化生活，也营造大学生公寓的人文氛围。

五、重视学生自律组织建设，提高学生自我管理水平

学生宿舍育人的目的是为了提高学生自身的综合素质，因此提高学生自我教育和自我管理的能力，调动学生的主观能动性非常关键。加强学生“自我管理、自我教育、自我服务”，让更多的学生有机会参与管理工作，给更多的学生锻炼自我、表现自我进而增强自信的机会，从这个意义上而言，学生宿舍为学生的成长提供了一个很好的舞台。加强深度辅导的力度和范围，要充分认识学生干部的作用，选好用好学生干部，重视其素质培养。宿舍成立学生自律委员会，由学生会选派优秀学生代表组成，对学生工作部门负责，直接参与宿舍管理。在自觉自律的风气中，使学生养成良好的行为习惯，达到管理与教育相结合的目的。一是开展卫生互查，促进文明宿舍建设。学生自律委员会积极开展卫生互查活动，在宿舍中形成一种自我约束、自我教育的良好风尚。卫生互查改变了学生由被动接受管理人员的检查打分，变为学生自己给自己打分，调动了学生的积极性和主动性，增强了学生的集体荣誉感，促进学生之间相互学习，取长补短。互查打分让学生加深了对宿舍文明、对自身素质的认识，在学生宿舍中形成了良性互动，促进了学生宿舍文明建设。二是畅通意见反馈渠道，化解潜在宿舍矛盾。为及时掌握学生对宿舍管理服务的意见和建议，学生自律委员会倡导开辟五大学生意见反馈渠道（意见箱、意见簿、网上对话、民意调查、学生座谈会），及时收集学生对宿舍管理水平、服务态度以及服务质量的意见，有效促进学生宿舍的服务水平。三是参与学生宿舍管理，保证宿舍管理正常运行。学生自律委员会积极发挥自律组织作用，参与宿舍管理，通过阻止小商小贩进入宿舍、促进宿舍环境卫生、保证消防器材和公共设施的完好以及学生宿舍的安全，有效避免宿舍内

的各种突发事件发生。

六、加强队伍建设，提高宿舍管理工作科学性和专业性

一是打造一支全能型学生宿舍管理工作队伍。新形势下的学生工作目标、内容、途径、手段、方法都与过去有诸多不同，对学生工作队伍也提出了更高的素质要求。专职学生工作人员的学历层次需要提高，要强化学生工作的责任感、使命感、荣誉感，帮助他们具备全新的教育理念、掌握现代的教育手段与方法，尽快造就一支政治素质好、理论水平高、管理能力强、热爱学生工作的专家型队伍，使学生在道德品质上敬他们、在学问上信他们、在工作上服他们。学生工作队伍专业结构、年龄结构、性别结构要合理，要多吸收心理学、教育学、法学等不同专业背景的青年毕业生，充分发挥退休老教师、老干部的余热和女性辅导员细致耐心的优势，提高宿舍管理工作的质量。二是加强学生宿舍管理相关人员的业务培训。如邀请国内外学生宿舍管理专家到校开讲座，对以辅导员、班主任为主体的学生宿舍管理队伍进行培训；组织相关人员外出参加行业学会组织的研讨会、培训班等；举办校本培训活动，促进校内相关人员的交流。高职学生有着不同于普通本科学生的突出特点，如相当部分学生学习目标不明确、没有形成良好的学习习惯；缺乏对未来的认知和理想信念，学习基础与学习能力不足；逃课打工、深夜打工等现象相对较多等。高职院校应该针对学生客观存在的问题，安排专门人员对那些晚归、吸烟、打工时间较长的学生进行访谈，了解他们的实际情况和造成问题的原因，详细询问，尽心帮助；对那些有着长期不良生活习惯的学生进行说服教育并有效帮助监督；对确因经济困难而长期打工的学生上报学工部进行困难资助；对无故晚归的学生进行批评，提醒他们存在的安全隐患。

第三章　学生党建：高职学生思想政治教育的重要引领

学生党建是高职院校组织工作及学生工作的重要内容，对学生思想政治教育起着重要引领及带动作用。改革开放30多年来，中国政治、经济、文化等诸多领域发生着多层面、多方位的深刻变化，经济改革与发展带来了深层次的社会转型与变革，出现了各种思潮的激荡、文化的碰撞和价值观的冲突，对高职学生的政治信仰带来了巨大的冲击与影响，在一定程度上挑战着主流意识形态的主导地位。目前，高职学生的主体是“90后”，是在我国社会、经济、文化的重大变革和全球化不断加剧的复杂社会背景中成长的，新事物、新观念不断产生，各种价值观不断冲撞，对处于成长期的“90后”产生了深远的影响。以培养新型制造业和现代服务业高技能人才为主要任务的高等职业教育，在学生思想政治教育和学生党建方面面临着新的挑战。

第一节　高职学生的政治信仰调查

信仰在《辞海》中的定义是，对某种宗教或主义极度信服和尊重，并以之为行动的准则。《辞源》认为信仰是，信服尊敬。一般认为，信仰是指人们对某种思想、理论、学说、主义的信服和尊崇，并以此作为自己的精神寄托和行动指南，它是一个人做什么和不做什么的根本准则和态度。[1] 所谓政治信仰，是个体在一定政治环境的影响下，在对政治认知对象的了解和深度认知的基础上，所产生的情感共鸣和与其认知相一致的行为倾向的综合的认同体系，它不是由单一的认知构成，它是一个复杂的、多元的心理体系。[2] 具体来说，它由政治认知、政治情感和政治行为倾向构成。政治信仰是人生观的核心内容，其形成是世界观成熟的标志。当前，市场经济与民主政治的快速发展，在一定程度上影响了高职学生的政治信仰。为了更好地了解高职学生的政治信仰情况，以北京某高职示范校为调查对象，分别在 2009 级、2010 级、2011 级三个年级随机发放调查问卷 500 份，收回有效问卷 425 份，回收率为 85%。在接受调查的学生中，大多数为 2010 级学生，占 83.3%，大一的学生占到 16.5%，其中共青团员占 66%，积极分子占 23%，党员占 10%，群众占 1%。

一、高职学生的政治认知

（一）政治信仰多样化趋势明显

调查发现，在接受调查的 425 份问卷中 44% 的学生选择信仰共产主义，38% 的学生认为自己没有明确的政治信仰，8% 的学生选择信仰宗教，10% 的高职学生表示没有想过这个问题。（参见图 3－1－1）高职学生政治信仰多样化发展趋势明显，共产主义信仰已经不能成为大多数高职学生的政治信仰，政治信仰缺失的高职学生群体占据相当高的比例。与之相应，高职学生政治参与积极性不高，很少谈论或几乎不谈论政治问题的高职学生占 3/4 以上。大多数高职学生认为，政治参与距离自己很遥远，在目前的社会条件下政治参与更多是形式主义，与其关注与自己切身利益、眼前利益不太大的政治问题，还不如多学习专业知识、掌握更多实用技能。课

---

[1] 荆学明．人类信仰论［M］．上海：上海文化出版社，1992：18．

[2] 李蓉蓉．试论政治信仰［J］．理论探索，2004，（4）．

题组抽样调查发现，有相当一部分同学对共产主义持怀疑态度，认为共产主义是虚无缥缈、不可实现的乌托邦。学生政治信仰的多元化和理想信念问题上表现出来的迷茫，一方面与学生的年龄小，思考问题还不深入有关，另一方面也暴露出高职学生政治信仰的特点以及学校开展思想政治教育的薄弱。学生在日常学习生活中往往会不自觉地表现为对时政动态不关心，政治敏感不强，不关注党建和思想政治工作，对党的认识不深，政治理论水平不高，入党动机多元且不够端正。这种行为习惯上的“知行不统一”反映到学生的政治追求上，就会使学生党员发展在质量上出现潜在问题。

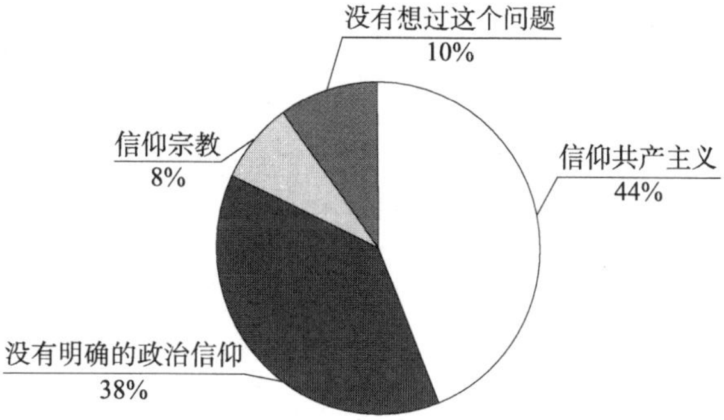

图 3－1－1　学生信仰情况统计图

（二）对马克思主义及其中国化理论缺乏全面了解

调查显示，高职学生对马克思主义以及马克思主义中国化的理论有所了解，但不深入、不全面。绝大多数学生能以科学的态度对待马克思主义，他们觉得马克思主义发展到现在，经过历史和实践检验，还是有其正确性和必然性的。34% 的学生选择“对马克思主义在中国的发展历程、理论成果等内容，有所了解但不全面”；30% 的学生选择“对社会主义核心价值体系的具体内容了解一些”；36% 的学生选择“听说过，具体内容不怎么了解”（参见图 3－1－2）。同学生座谈了解到，高职学生对马克思主义理论和中国化马克思主义理论的认识来源，主要是思想政治理论课的课堂学习和广播电视新闻的宣传，对这些理论缺乏全面了解的兴趣。

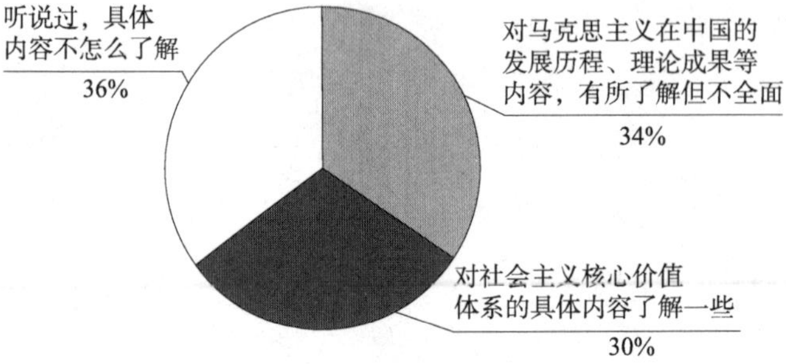

图 3－1－2　学生对马克思主义及其中国化理论了解情况统计图

（三）近1/3高职学生对马克思主义和共产主义发展前景缺乏信心

高职学生对马克思主义的作用和对共产主义发展前景总体看好。当问及“您对马克思主义发展前景的态度如何”时，9% 的学生选择“非常有信心”，32% 的学生选择“有信心”，47% 的学生选择“比较有信心”。（参见图 3－1－3）但是，当问及“您是否觉得马克思主义在中国已经过时”时，25% 的学生选择了“没有过时，还有一点作用”，34% 的同学选择了“可能没有过时，但实际意义很小”。（参见图 3－1－4）当问及“对于共产主义社会，您的看法是”时，17% 的学生选择“一定会实现”，34% 的学生选择“可能会实现”，30% 的学生选择“不一定会实现”。（参见图 3－1－5）可见，大部分高职学生对马克思主义发展前景有信心，但对马克思主

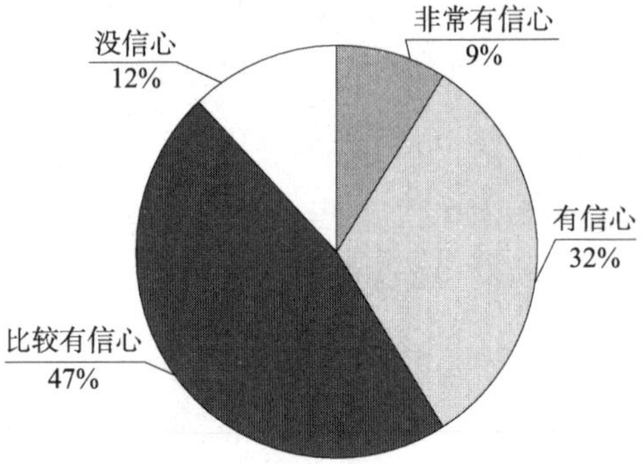

图 3－1－3　学生对马克思主义发展前景的态度统计图

义的现实指导意义认识不足。与学生座谈了解到，大部分学生觉得共产主义社会是未来的事情，离现在太远了，并且大家没有感受到共产主义的实际好处。有的认为实现共产主义只是马克思这些革命导师们的一个设想，理论上可行，现实中感到渺茫。

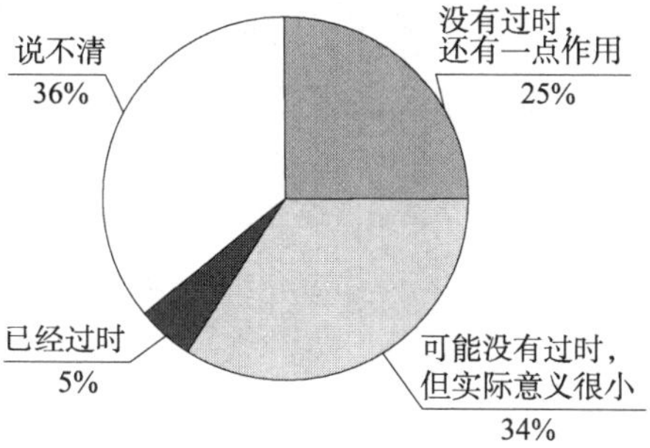

图3－1－4　学生认为马克思主义在中国过时与否统计图

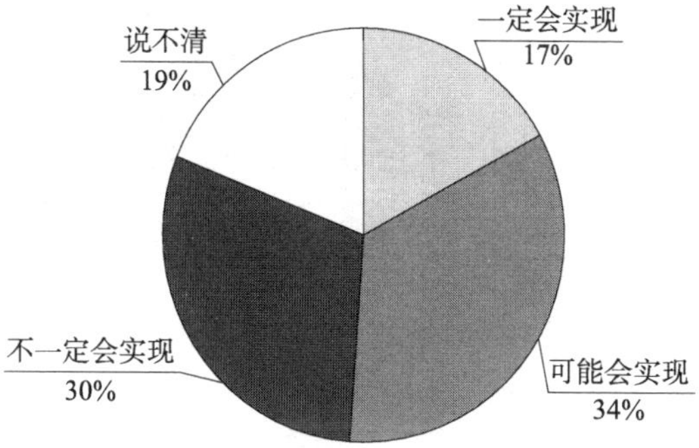

图3－1－5　学生对共产主义态度统计图

（四）超过六成高职学生赞成西方多党制

各种社会思潮的影响，是高职学生党建工作的重要课题。改革开放以来，在意识形态和政治文化领域出现非主流价值观蔓延的现象。“90后”高职学生无法回避西方社会思潮对其思想政治素质的影响。关于“你赞成西方的多党制吗?”，有64%的高职学生选择“非常赞成”、“比较赞成”，选择“不太赞成”、“很不赞成”的为36%。（参见图3－1－6）关于“民主社会主义者一贯主张‘社会主义国家应该摒弃无产阶级政权，走西方三权分立的民主政治道路’，对此你怎么看?”的问题，有31%的高职学生认为社会主义民主政治“不需要走三权分立道路”，有42%的高职学生认为“无产阶级专政是社会主义国家的本质”，有18%的高职学生认为“似乎有道理，说不清”，有9%的高职学生认为社会主义国家“应该走民主社会主义道路”。（参见图3－1－7）数据分析显示，对无产阶级专政的科学认识是占主流的，但是西方思潮仍然是影响高职学生政治信仰不可忽视的因素，高职学生对于西方社会思潮并不能充分理解，缺乏科学正确的辨别，需要加大思想政治课的主渠道教育中相关内容的教育辅导。

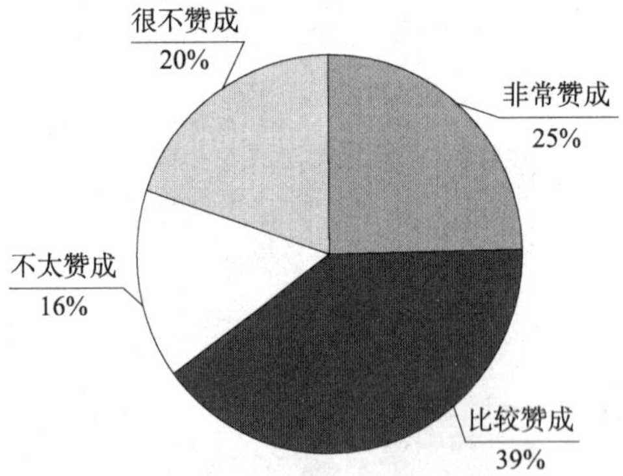

图3－1－6　学生对西方多党制态度统计图

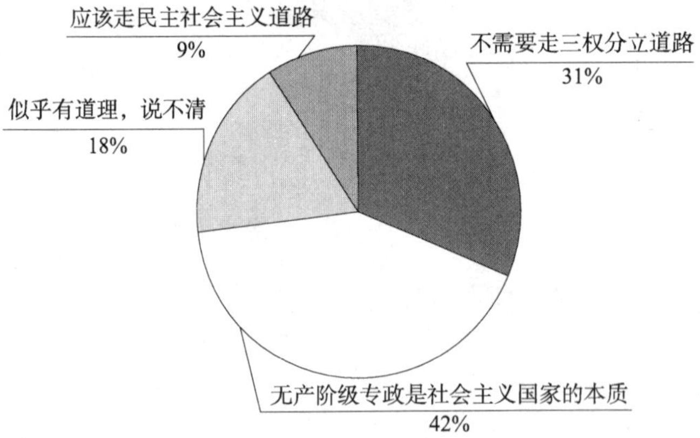

图3－1－7　学生对社会主义国家是否应该走“三权分立”道路看法统计图

（五）对中国共产党自身建设重点的基本认识

在调查学生对当前中国共产党自身建设需要完善的内容认识【多选题】时，得票最多的依次为密切联系群众，严惩党内腐败，坚持和发展马克思主义。（参见表3－1－1）此项调查是在2011年开展的，能发现其与2013年全党开展群众路线教育实践活动及一系列反腐倡廉活动内容有一定的呼应，反映高职学生对国家大事有一定的关注，对国计民生的情况有一定的认识，有一定的责任感和使命感。学生座谈也反映出，尽管他们身在校园，但是对社会和国情民意的关注并不少，也反映出他们有一定的政治敏锐度。

表3－1－1　学生对当前党自身建设需要完善内容的认识统计

您认为当前中国共产党自身建设重点为（最多选三项）	得票
1 密切联系群众，全心全意为人民服务	322
2 严惩党内腐败	215
3 坚持和发展马克思主义	163
4 加强和完善民主集中制	99
5 完善监督机制	97
6 加强基层组织建设	97
7 发展党员重质量而不是数量	87
8 坚持在宪法和法律范围内活动	68
9 其他	2

（六）对合格的高职学生党员形象的基本认识

对于合格的学生党员形象，学生们的认识具有明显的趋同性，基本上都认为要有正确的入党动机、乐于助人、优秀的学习成绩、积极完成工作任务、良好的道德品质、较强的组织观念等。但是也有少数人认为需符合“和老师关系好”“家中富裕、父母权高”的条件。（参见图3－1－8）

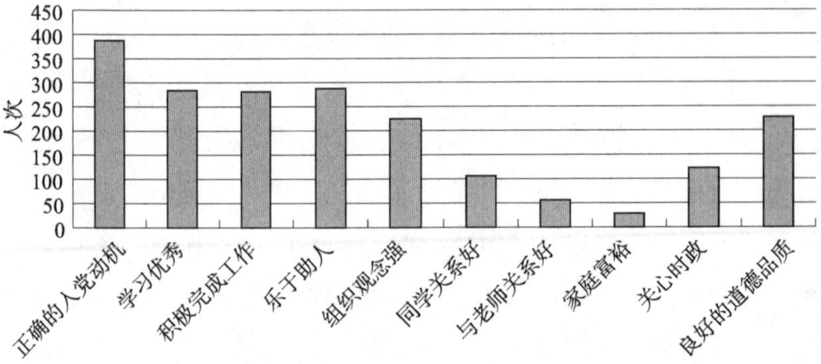

图 3－1－8　学生对合格高职学生党员形象的认识统计图

二、高职学生的政治情感及行为

（一）较少顺从学校或党组织立场

调查发现，78% 的高职学生根据事实本身作出判断时事，4% 的高职学生对时事不关心、也没什么看法，3% 的高职学生随大流或选择其他。只有 15% 的高职学生听从学校或党组织的立场（参见图 3－1－9），在一定程度上反映了高职院校学生思想政治教育工作效果一般，高职学生对学校或党组织还存在一定程度上的不信任。高职学生年龄不大、阅历不深，"三观"正在形成中，能否客观准确地根据事实本身对时事做出判断，还是很难判定。

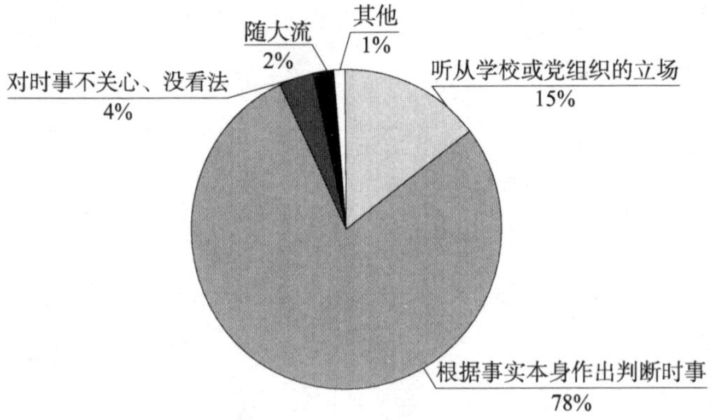

图 3－1－9　学生判断时事问题的依据统计图

（二）对党员模范带头作用评价低

对作为执政党的中国共产党的认识，基本上反映了当下高职学生的政治观。在对共产党员的整体评价中，有28%的学生认为党员模范带头作用突出、威信很高，有9%的学生认为党员起到一定的模范带头作用、威信较高，25%的学生认为党员模范带头作用不够突出、威信一般，26%的学生认为党员模范没有起到模范带头作用、威信很差。另外，有12%的高职学生选择并不清楚。（参见图3－1－10）在与学生座谈中，有65%的高职学生认为腐败现象是党员威信缺失的主要原因。32%的学生指出，一系列社会问题的产生使其对党员干部的行为产生质疑，有3%的高职学生认为党员干部只是为自己谋取利益。可见，部分党员腐败以及执政能力不足，在一定程度上影响到高职学生对党的信服和尊重。

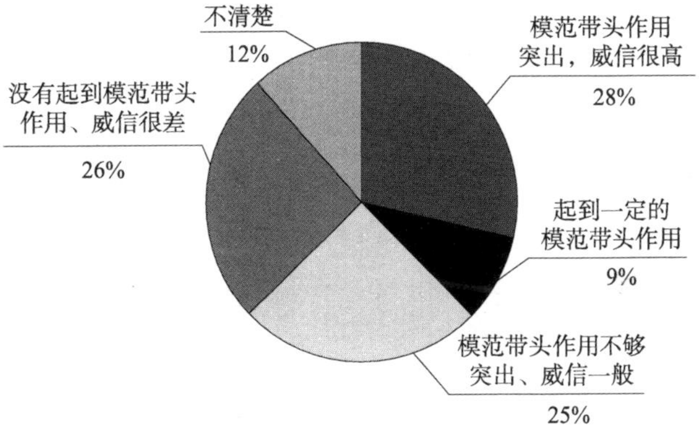

图3－1－10 学生对共产党员的整体评价

调查显示，高职学生对自己身边学生党员的评价也相对消极，接近70%的学生并不认同学生党员的思想觉悟比一般学生更高。是学生党建工作本身存在偏差，还是高职学生政治思想存在问题，很值得深入研究。29%的学生同意学生党员比一般学生的思想觉悟高，42%的学生认为感觉一般，28%的学生不认为学生党员比一般学生的思想觉悟高，有1%的学生认为学生党员思想觉悟低于一般学生。（参见图3－1－11）

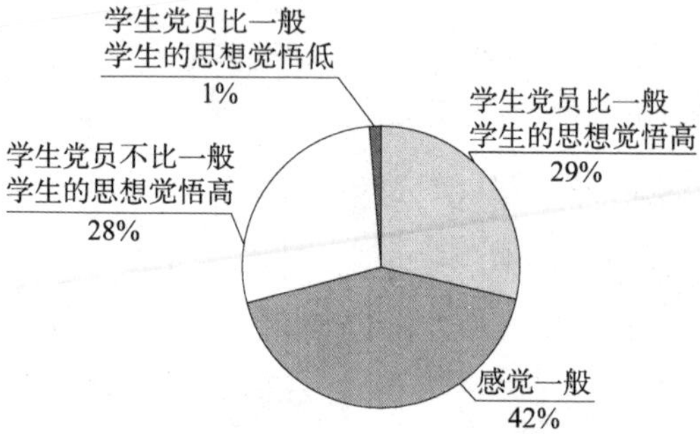

图 3－1－11　学生对学生党员的整体评价

“90 后”高职学生伴随着中国改革开放成长，他们以中国成为世界第二大经济体而自豪，享受着丰富的物质文化生活，他们权利、公平意识更强，更希望在精神层面得到社会认可，更可能成为时代进步的推手。“90 后”对马克思主义政党及思想总体上是肯定的，但也暴露了新一代高职学生思想政治素质存在的问题。一是少数“90 后”高职学生政治认知较肤浅，政治思潮评价功利化。部分高职学生受功利主义、个人主义思潮影响，政治认识和理解缺乏理性思考。二是少数“90 后”高职学生政治情感冷漠，对政治生活不感兴趣。

第二节　高职学生入党动机调查

学生党员是高职学生中的骨干力量和先锋队员，其言行对其他学生具有重要的模范和表率意义，在高职学生工作中发挥着重要的辅助作用。走出校门后，高职学生党员作为共产党员群体中具有较高文化素质、年轻而富有活力的组成部分，在中国特色社会主义现代化建设的各条战线上将发挥重要作用。在新的历史条件下，把更多优秀高职学生吸收到党员队伍中，是高职院校党建工作的一项重要内容。“90 后”高职学生入党动机的调查样本及发放回收情况同上节。

一、高职学生入党动机类型

调查显示，高职学生的入党愿望强烈，递交入党申请书的比例高达90%以上：有为追求共产主义信仰而申请入党的，有认为大学期间入党是政治进步的表现、是好学生的必备条件而申请入党的，有为自己就业增加筹码而入党的，也有赶“潮流”随着大家一起递交入党申请书的。总体看来，相当数量的高职学生入党是利益驱动，带有明显的功利性。“90后”高职学生是否具备端正的入党动机，是否对党有正确深刻的认识，直接关系到党员队伍的整体素质，也直接影响到个人在入党后的行为准则，以及为人民服务的态度和决心，需要我们重点关注和引导。归纳起来，“90后”高职学生入党动机大致分以下几种类型：

（一）态度端正型

调研发现，在申请入党的原因中，选择能够促进自己的成长以及为他人和社会多做贡献的占50%；选择改变党的现状，使她发挥更好作用；信仰共产主义和入党光荣的占21%，两项相加为71%，表明大多数高职学生的入党动机比较端正。其他入党原因，按选择的多少依次为：为了就业和前途、父母要求、生活中的精神寄托、从众心理等。（参见图3－2－1）高职学生入党动机较为复杂，需要我们认真区别，及时加以引导。

（二）自我效能感型

自我效能感是指个体对完成某一项活动的潜在能力的信念，它是由自我能力知觉决定的。这部分高职学生有明确的自我设计、职业生涯规划，有自我成就感，崇尚个人奋斗。他们把入党看做是积极要求进步的一方面，认为大学期间入党是政治进步的表现，是衡量好学生的标准之一，他们的入党动机往往介于义和利、奉献与索取、集体与个人之间，不做严格的边界性取舍，在两者冲突时个人需要就会占上风。在回答“你受什么影响申请入党”时，选择“自己意愿”的高职学生为59%，“家人意愿”占20%，“周围党员影响”为6%，“入党带来的利益”占13%，其他为2%，与上图显示的学生申请入党动机调查结果基本上一致。（参见图3－2－2）

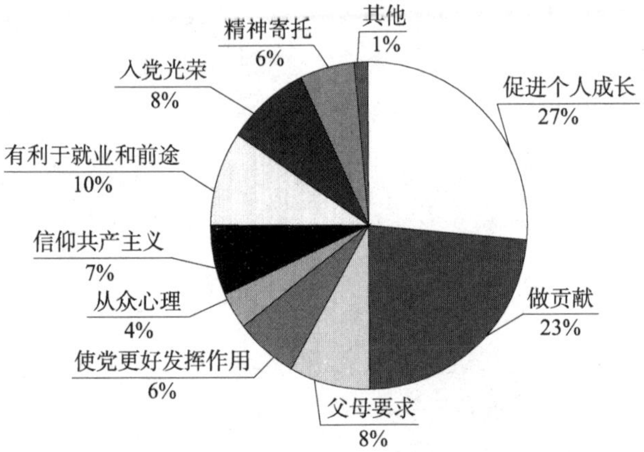

图3－2－1　学生入党原因统计图

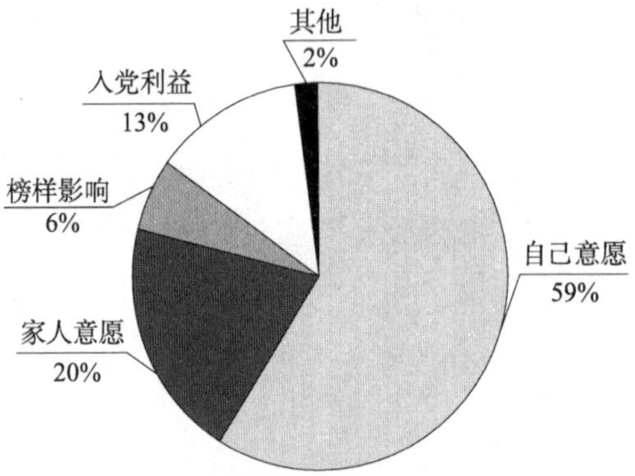

图3－2－2　学生申请入党所受影响因素统计表

在如何处理个人利益与集体利益关系的问题时，36%的高职学生选择“在不损害集体利益的前提下兼顾个人利益”，25%的学生认为“优先选择个人利益”，15%的学生选择“具体情况具体分析”，21%的学生选择“以集体利益为重”，3%的选择是“说不清楚”。（参见图3－2－3）

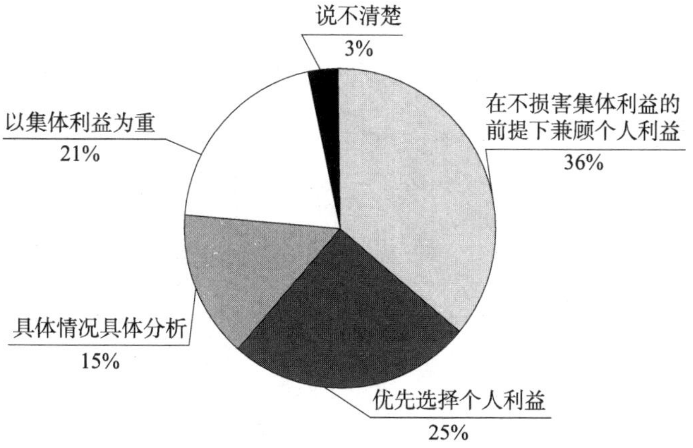

图 3－2－3　学生处理个人利益与集体利益关系态度统计图

（三）自利型

图 3－2－1 显示，27% 的学生认为入党能促进个人成长，10% 的学生认为入党有利于就业和个人前途发展。他们的入党动机更多介乎义与利、奉献与索取、集体与个人之间，不做严格的边界性取舍，在两者冲突时往往个人需求就会占上风，对自利型入党动机的调查分析最复杂困难：部分学生把入党视为提高能力和锻炼自我的机会，很容易异化为追求个人发展、积累择业就业竞争资本的功能性手段，他们很可能追求形式上而非思想上的入党，“入党前一身汗，入党后挑着干”是这种类型高职学生的显著特点，一旦工作中得不到实惠，对党的忠诚和信仰就会大打折扣。部分高职学生以坚定马克思主义信仰、兼顾个人利益要求入党，但把奉献精神和服务意识放在自我利益之后就需要加以纠正和教育。如果能够起到党员模范作用、在思想上要求进步，同时有希望入党能够在评优中加分、就业时可能会被用人单位择优录取的自利思想，客观上不应予以否定，而是要分阶段、分层次地引导他们正确处理好集体和个人的关系。

（四）荣誉感型

部分高职学生认为，能入党就是一种荣誉，是家长、老师眼里的好学生，往往是成绩优异的同学不假思索就顺理成章地递交入党申请书。在调查中，8% 的高职学生认为绝大多数学生党员是为实现自己理想和价值而入党，认为入党是一种荣誉（参见图 3－2－1）。

（五）盲从型

6% 的学生认为入党是受周围党员影响，20% 的学生认为入党不是自己的意愿而是父母的要求（参见图 3－2－2）。高职高专新生中，更容易出现集体递交入党申请书的热潮，尤其是军训之后，集中递交入党申请书的现象比较普遍。军训的特殊环境，易使一些学生产生入党冲动和一些学生盲目跟从，认为不递交申请书就是不进步，怕成为落后分子赶不上“潮流”，怕被集体所抛弃而失落。

二、高职学生入党动机影响因素分析

受社会、学校、家庭等因素的影响，“90 后”高职学生入党动机日益呈现多元化特征，少数高职学生入党动机存在着功利化等不良倾向。形成“90 后”高职学生入党动机多元化的因素很多，大致包括环境因素和个人因素，环境因素包含社会环境、家庭环境、学校环境，社会环境又包含西方价值观、市场经济等因素，学校环境包含少数党员形象不佳造成的负面影响因素，个人因素是学生自身的认知状况和心理状况等内在诱因。

（一）社会影响因素

1. 西方价值观扭曲了社会主义理想信念

“90 后”高职学生是从小吃着麦当劳、肯德基长大的，看的是日本动漫和美国好莱坞大片，穿的是欧美名牌服装，用的是苹果手机，玩的是渗透了西方价值观和人生哲学的各种网络游戏。在不知不觉中，西方文化价值观、文化霸权以和平演变方式在“90 后”高职学生群体中实现渗透。他们宣扬西方价值观，鼓吹政治思想多元化，利用影视文艺和网络媒体，传播个人英雄主义、拜金主义和享乐主义，以西方消极颓废的人生哲学和自我奋斗，诋毁马克思主义和集体主义奉献精神。高职学生心理发育正处于世界观、人生观和价值观的形成阶段，人生经验不多，知识面不广，辨别是非的能力有限，他们的思想观念还处于不稳定的状态。这种霸权主义文化影响了当代高职学生的价值观，扭曲了高职学生的社会主义理想信念，导致入党动机更趋于实用和功利。调查显示，学生在回答不要求入党原因时，部分学生选择“其宗旨不符合个人的信仰”、“想加入民主党派”等项。

2. 市场经济泛化了经济效益至上原则

总体看来，高职学生政治参与的总体态势是良性的，整体政治素质是值得依赖和肯定的。同时，也暴露出高职学生在政治参与意识方面存在不容忽视的问题。少数高职学生在政治参与的过程中存在较强的实用性，受个人利益的驱动。在经济发展的过程中，我们曾经片面追求经济效益，导致社会上流行一切向钱看，造成道德滑坡。无私奉献精神在“90 后”高职学生中不再崇尚，“雷锋精神”的宣扬在“90 后”看来就是形式主义，不能真正内化成自觉行为。不可否认，2008 年奥运会国际志愿者精神在中国大发扬，当代高职学生志愿者服务已经纳入规范化、制度化，但是，仍然有不少学生把志愿者活动和义务劳动看做政治资本和升学、就业的筹码。受社会腐败风气的侵扰，党员→从政→谋利的成长思维路径或轻或重地在其脑中植根。在校期间，学生入党可以有更多机会当选学生干部，在评奖评优时获得加分等。高职学生生活在经济高速发展的时代，就业压力和职场竞争加大，许多政府机关和国有企业把“是否是党员”作为入职的一道门槛或对学生党员优先录用，客观上也导致“90 后”高职学生抱着更加功利的心态对待入党这种严肃问题。

（二）家庭教育因素

家庭是人生教育的第一个课堂，父母是学生的第一任教师。自出生起，父母就成为孩子的启蒙老师。父母的价值观对子女的影响是潜移默化的，如果父母本身是共产党员，是坚定的共产主义者，其子女在入党的要求上一般会比其他学生强烈。家长能不能时时处处给孩子做榜样，用正确行动、正确思想、正确方法教育引导孩子；能不能从点滴小事中教会孩子欣赏真善美、远离假丑恶；能不能观察孩子的思想动态和行为变化，随时做好教育引导工作，对于高职学生能否树立社会主义核心价值观、形成积极向上的入党动机具有重要影响。新世纪以来，特别是近几年，社会出现了阶层固化，在各种社会资源和利益分配中，出现了不公平现象。于是，“90 后”高职学生出现“拼爹”现象，比拼的不是“爹”的出身贫农、革命家庭、党员身份，而是“爹”是否有钱、有权、有名望。“官二代”、“富二代”、“名二代”等带有贬义的称呼的流行，恰恰说明权势富贵家庭在一定程度上对子女教育的失败。他们在家庭教育价值取向上“重智轻德”，忽视子女的思想政治素质，有些家长平时奢靡的生活方式和功利的价值观对子女价值观念的功利化起到了推波助澜的作用。

（三）高职教育因素

目前，高职院校思想政治理论课存在内容枯燥且交叉重复的现象，有些教师在课堂教授过程中从学科角度出发过于强调理论体系的细而全，忽视了与现实世界及学生生活对接的针对性和实效性，学生自然会有厌倦心理，甚至产生逆反心理。也有高职院校不太重视思想政治课，兼职教师、外聘教师居多且质量不高，削弱了思想政治理论课的育人主渠道功能。甚至个别教师自身就对思想政治课不感兴趣，不能做到真信、真爱，当然无法保证学生真心喜爱、终身受益。少数班主任、辅导员本身政治思想达不到共产党员的标准，在学生入党辅导时有片面引导倾向。部分高职院校学生党建工作不到位，发展党员标准不明确，片面强调学习成绩、社团表现和学生干部的绩效等，而忽视了学生的入党动机、群众基础和党性修养等。部分高职院校没有专门开设党课，而是为了完成指标、搞面子工程发动学生写入党申请书。学生千篇一律上网抄袭入党申请书格式，造成学生在对党的认知上就不过关。部分高职院校在发展党员过程中，操作程序也有不规范、有失公允的现象存在，导致普通学生对此不满，入党成了少数学生干部的特权。还有部分高职院校缺乏对党员的长效培养机制，学生入党后续考察工作跟不上，不能及时了解新党员的思想动态。调查显示，少数学生认为和老师关系好、家中富裕、父母权高就可以入党，也有学生在回答不要求入党原因时选择“对入党缺乏全面的认识和了解”、“本校发展党员的程序做法不公正”等项。

（四）个人成长因素

政治素质是个人综合素质的核心，而入党是个人政治素质的集中体现。“90后”高职学生没有20世纪80年代大学生对参与政治活动的狂热，他们对现阶段国家政治生活状况心存困惑。尽管国家正在积极推动政治体制改革，但短期内无法完全消除历史原因形成的政治行为习惯，消减了高职学生政治参与热情。多数高职学生认同党的正确领导，为共产主义奋斗终生的理想是驱使高职学生申请入党的主要原因。这也表明大多数学生对党的认识停留在外在形式层面，只注重组织上入党而不太注重从思想上入党，较注重结果而不太注重过程。关于党的基本知识认知方面，大多数的学生认为自己知道或者是了解党的基本知识，认为坚持党的领导必须改善党的领导，必须坚持四项基本原则。大部分高职学生有正确的价值观，认为马克思主义、共产主义理想是个人信仰，但仍有超过1/4的学生认为共产主义理想过时或者不实用，表明我们党的知识教育还不到位。在入党动机方面，学生们普遍认为入党对今后的工作或事业发展有帮助或者有很大帮助，但是仍有少部分的学生对入党持无所谓或者不积极的态度，这说明这些同学在共产主义信仰方面的缺失。调查显示，学生在回答不要求入党原因时，选择“个人条件不成熟”、“对入党缺乏全面的认识和了解”、“其宗旨不符合个人的信仰”的比重占被调查学生的2/3，部分同学选择“和个人成才没有直接关系，无所谓”、“各方面受约束，不自在”等项。

（五）少数党员形象不佳的负面影响

我们的党员队伍总体上是纯洁的，在任何危险和风险面前，都是党员干部身先士卒，起模范带头作用。教育部高职院校学生思想政治状况滚动调查也显示，高职院校接近80%的学生有入党愿望，学生党员质量也在不断提升。2012年调查中将“追求理想信念”作为入党动机的学生比例比2011年高出8.3个百分点，连续3年排在入党动机的首位。学生党员追求理想信念，坚持为人民服务，高标准、严要求、亮身份、树形象、做表率，形成高职院校的一道道亮丽风景线。访谈也证实，高职院校学生党员发展更加注重质量，发展程序不断健全，学生党员经常性学习教育体系更趋完善，学生党员发挥先锋模范和骨干带头作用比较突出。同时，随着经济全球化和改革开放的不断深入，受市场经济的影响，竞争意识、民主意识、自主意识、开拓精神、效益观念、等价交换观念等在学生党员的价值观中也有不同程度的体现，功利主义、利益主义至上的社会不良风气，以及少数党员的以权谋私、堕落腐败，让部分高职学生对共产党员的服务宗旨产生了怀疑，对他们的入党动机产生了消极影响。

学生党员自身也存在问题。比如，学生党员自我意识强、价值趋向鲜明，但先锋模范作用不够突出。学生党员大多是独生子女，在家庭中万般宠爱集于一身，形成极具依附性的个性特征。西方思潮中的个人主义、自由主义以及市场经济活动中的重索取轻奉献、重个人轻集体、重利轻义等义利观对学生党员形成极大冲击力。因此，他们中的一些人在追求个性发展、实现自我价值时，把自己混同为普通百姓。面对日益复杂的国际国内形势，部分学生党员辨别是非能力不强，抗挫折能力较差，不同程度地存在着对党认识不深刻，对党史、党的基本知识和理论不够熟悉，对党和国家大事、社会热点不太敏感，党员意识和社会责任感不够强，入党动机不够端正，学习生活不能起到模范带头作用等问题。学习生活方面，少数学生党员诚信意识缺失、社会责任感缺乏、组织观念淡漠、党员意识不强。遇到人际矛盾、利益得失时，少数学生党员心理容易失衡，具有明显双重人格倾向，如表里不一、心口不一、待人虚伪、对组织隐瞒观点等。调查显示，学生在回答不要求入党原因时，部分同学选择“少数党员形象不佳，党的威信下降”等项。

三、关于端正高职学生入党动机的几点思考

（一）提高思想认识水平，认真做好高职学生党建工作

我国普通高校本专科生占同龄青年群体的1/3左右，高职院校在校生已达973.6万人，约占普通高校本专科在校生的40%，高职学生是我们党必须争取的重要群众基础，做好高职学生党建工作具有重要战略意义。习近平总书记指出，青年兴则国家兴，青年强则国家强。青年是标志时代的最灵敏的晴雨表，时代的责任赋予青年，时代的光荣属于青年。代表广大青年、赢得广大青年、依靠广大青年，是我们党不断从胜利走向胜利的重要保证。中国共产党自诞生之日起始终高度重视青年、关怀青年、信任青年，对青年一代寄予殷切期望。[1]高职学生是广大可爱、可信、可贵、可为的青年群体的重要组成部分，做好高职学生党建工作，是响应习总书记号召、落实习总书记要求的具体行动，是发扬和承继我们党一贯坚持的宝贵经验和光荣传统的必然要求。做好高职学生党建工作，事关中国特色社会主义事业的成败，事关中华民族伟大复兴的中国梦能否实现，事关我们党能否延续革命、建设、改革各个历史时期各项事业不断取得的胜利。高职院校学生党建工作必须做到：充分信任学生、热情关心学生、严格要求学生、帮助学生发展、支持学生实现人生理想，做学生的知心人、关注学生愿望、走进学生内心，努力把学生培养为党和人民事业发展的生力军和方面军，及时发现高职学生群体中的优秀分子，引导他们以端正的动机和纯洁的信仰加入党组织。

---

[1] 习近平在同团中央新一届领导班子成员集体谈话［N］. 人民日报，2013-06-21.

（二）以培育社会主义核心价值观为抓手，端正高职学生入党动机

培育社会主义核心价值观是高职学生思想政治教育的重要任务，也是端正高职学生入党动机的重要着力点和切入点。社会主义核心价值观“三个倡导”24个字，从提出、提炼、概括到号召全国培育和践行历时七年，可以说是党经过深思熟虑提出的重要论断，完美体现了古圣先贤的思想，体现了仁人志士的夙愿，体现了革命先烈的理想，也寄托着各族人民对美好生活的向往。习近平总书记在很多场合反复强调社会主义核心价值观的重要性，他在2014年“六一”儿童节讲话中指出，一个民族的文明进步，一个国家的发展壮大，需要一代又一代人接力努力，需要很多力量来推动，核心价值观是其中最持久、最深沉的力量。中华民族能够在几千年的历史长河中顽强生存和不断发展，很重要的原因是中华民族有一脉相承的精神追求、精神特质、精神脉络。只要是中国人，就应该自觉培育和践行社会主义核心价值观。[1] 此前，习近平总书记在参加北京大学“五四”青年节座谈会的谈话中指出，青年的价值取向决定了未来整个社会的价值取向，而青年又处在价值观形成和确立的时期，抓好这一时期的价值观养成十分重要。这就像穿衣服扣扣子一样，如果第一粒扣子扣错了，剩余的扣子都会扣错。人生的扣子从一开始就要扣好。树立和培育社会主义核心价值观，要在勤学、修德、明辨、笃实上下工夫。习近平总书记的这些讲话，是当前做好高职学生党建工作的行动指南和根本遵循。高职院校可以从培育学生社会主义核心价值观入手，进一步端正学生入党动机，引导学生下苦工夫求真学问，扎扎实实干事、踏踏实实做人，立志报效祖国、服务人民，从知行合一上下工夫；要坚持由易到难、由近及远，用科学的理论武装他们，用历史的眼光启示他们，用伟大的目

---

[1] 从小积极培育和践行社会主义核心价值观——在北京市海淀区民族小学主持召开座谈会时的讲话. http://news.xinhuanet.com/politics/2014-05/30/c_1110944180.htm.

标感召他们，用光明的未来激励他们，努力把核心价值观的要求变成日常的行为准则，进而形成自觉奉行的信念理念；要根据高职学生特点和成长规律，全面加强校风、师德建设，坚持教书育人，做到每一堂课不仅传播知识，而且传授美德，每一次活动不仅健康身心，而且陶冶性情，让社会主义核心价值观的种子在学生们心中生根发芽。

（三）从学生政治信仰特点出发，端正高职学生入党动机

与“70 后”和“80 后”相比，“90 后”高职学生入党动机呈现不同的时代特征，他们把入党与个人发展联系起来，把入党作为参与现实生活的一种身份或资格，作为实现个人发展的有利条件，存在着明显的功利主义和实用主义倾向。这种把入党与个人发展相联系的思想观念，相对于过去那种把入党与个人发展相对立的旧观念来说，更加符合入党、参与政治生活本身的意义。但是，过分注重现实成分，对党的感情、对共产主义理想、信念和信仰以及为共产主义理想而奋斗的热情不免相对欠缺，表明大多数学生对党的认识只停留在浅层次，较注重结果而不太注重过程，较注重组织上入党而不太注重思想上入党。端正学生入党动机，高职院校学生党建工作应该从以下几个方面入手：

一要更加贴近学生生活。必须认清社会转型变革的时代大背景，适时做出科学调整，对学生深入开展党性和国情教育，坚持贴近实际、贴近生活、贴近学生，努力提高学生党建工作的针对性、实效性、吸引力与感染力。二要更加重视马克思主义基础理论教育。高职学生入党动机是不是端正，与他对共产主义事业和无产阶级政党的认识正确不正确、深刻不深刻有直接关系。马克思主义理论特别是马克思主义的党建理论，科学地阐述了上述问题，只有认真学习这些理论，才能对上述问题有更加明确和深刻的认识。事实也证明，一个人对共产主义事业和共产党有了明确、深刻的认识，他的入党动机才会更加端正。三要更加重视实践环节。明确要求入党积极分子不仅要有入党的迫切愿望，还必须见诸行动，在实践中

不断用切身体验深化对党的认识，从而进一步端正自己的入党动机。只有这样，才能促进高职学生思想道德素质、科学文化素质和健康素质的全面协调发展，才能科学地构建与时俱进的高职院校党建体系，锤炼和端正学生的入党动机，从而有效地发挥新时期学生党员群体的先进性。四要更加坚定理想信念。习近平总书记在十八届中共中央政治局第一次集体学习时讲话指出，坚定理想信念，坚守共产党人精神追求，始终是共产党人安身立命的根本。理想信念就是共产党人精神上的钙，没有理想信念，理想信念不坚定，精神上就会缺钙，就会得软骨病。让学生坚定理想信念，不能只停留在口头宣传上，更应该落实到学生管理、学生生活、学生成长的方方面面，让理想信念摇摆不定的学生占不到任何便宜、得不到投机取巧的机会，让坚定理想信念的学生不吃亏、得实惠、受表彰、惹人慕、被人敬。

（四）以优秀党员模范为榜样，端正高职学生入党动机

榜样的力量是无穷的！正如孔子所言："见贤思齐焉，见不贤而内自省也。"以不同时期的全国优秀党员的光辉事迹和崇高人格教育学生、鼓舞学生、引导学生，能够起到很好的育人效果，让学生以更加纯正的动机入党。习近平总书记于2014年"六一"儿童节，在北京市海淀区民族小学发表重要讲话，强调少年儿童培育和践行社会主义核心价值观要心有榜样，要求少年儿童学习英雄人物、先进人物、美好事物，在学习中养成好的思想品德追求。中华民族生生不息，伟大的中国共产党凝聚着中华儿女中的优秀分子。中国共产党领导人民进行的革命、建设、改革事业中涌现了大批优秀党员模范人物，革命年代的英雄张思德、刘胡兰、董存瑞……建设时期的雷锋、王进喜、焦裕禄……改革年代的孔繁森、郭明义、杨善洲……他们胸怀共产主义远大理想，对崇高理想矢志不渝、对党和人民无比忠诚、对革命事业锲而不舍，献身于民族独立、人民解放、国家繁荣、人民幸福，激励和鼓舞着全党全民族渡过了一个个难关、赢得了一个个胜利；他们有着顾全大局、无私奉献的坚强

党性，热爱人民、服务人民的满腔热忱，艰苦奋斗、廉洁奉公的高尚品质，开拓进取、求真务实的优良作风，处处起榜样表率作用；他们以党和人民的需要为人生第一选择，始终站在时代的前列，努力把握时代的脉搏，用智慧、汗水、鲜血和生命践行着自己的誓言，彰显着中国共产党人的革命本色，充分体现了党的先进性，为党的旗帜增辉添彩。优秀党员的理想、信念、人格、情操震撼心灵，让我们油然产生热爱、敬佩、学习、怀念之情。高职院校也应该从学生身边树立典型，积极发现并培养优秀学生党员或教职工党员，进行广泛宣传，让他们成为高职学生身边看得见、学得来、够得着的榜样。高职院校学生工作者应该教育学生把优秀党员模范立为心中的标杆，向他们看齐，像他们那样追求美好的思想品德，把学习优秀党员模范与端正入党动机结合起来。

第三节　组织员是做好学生党建工作的重要助手

高职院校学生党建工作人手少任务重，难免在工作中出现重发展轻管理、重使用轻培养等问题，不能很好地贯彻落实党和政府提出的新要求，不能很好地应对高等教育大众化带来的新挑战。组织员是在基层党委领导下负责发展党员和党的基层组织建设的党务工作人员，配备数量充足的专兼职组织员、建立健全组织员工作长效机制、提供点对点帮助能够有效地解决高职院校学生党建工作面临的困境。

一、强化管理、优化培训，促进组织员队伍建设

高职院校的组织员一般由学院党委聘任，在学院党委领导下从事党员发展和基层党建工作。组织员的构成一般有专职和兼职两种。专职组织员主要由在职教工党员担任，也有部分为临近退休转

任非领导职务的原实职处级干部。兼职组织员主要由党务知识丰富、知识面广、工作耐心细致、有着多年党龄的退休老党员或老党务工作者担任，也有部分为在职教工党员。做好新时期高职院校的组织员工作是充分发挥其作用的前提条件和重要基础。一要逐步构建分层次、多形式的组织员培训体系。坚持岗前培训和在职培训相结合、日常培训与专题培训相结合，以十八大报告、十八届三中全会精神、新党章和中央 16 号文件为主要内容，分期、分批对组织员进行培训，使他们不断丰富自身的知识体系，及时更新知识结构，进一步提高中国特色社会主义理论修养和政策水平。在倡导自学了解国家大事、关心时事、把握时代前进方向的同时，采取专题讲座、学习报告、热点问题研讨、工作交流、外出参观等办法，不断提高组织员的综合素质和业务能力，坚定共产主义理想信念。二要加强对组织员工作的评估和管理。要从全局把握队伍建设的总体要求，加强对组织员队伍的管理，制定高职院校组织员工作制度，进一步明确工作职责和工作要求，落实工作责任制。开展创优创新活动，激发组织员工作的积极性和创造性，增强组织员的服务意识，明确自身的责任更多地处于督促、提醒、帮助、建议的位置，在实际工作时要不指责、不干扰、不命令，真正为基层党总支的党建工作着想。要对组织员进行定期考评，考核结果要与职务聘任、奖惩、晋级等挂钩，通过规范化、科学化、制度化的考评，实现对组织员队伍的严格要求、严格管理。

二、厘清责权、健全制度，提高学生党建工作的规范性

基层党总支与组织员的关系不明、职责划分不清的现象，在高职院校比较普遍。明确组织员的工作任务和职责范围，对于基层党总支与组织员在学生党建工作中分工合作、形成合力十分必要。组织员介入教学系部党总支的学生党建工作之后，教学系部党总支仍是学生党建工作的主体。专兼职组织员的职责主要是指导并协助教学系部党总支工作，按照“成熟一个发展一个”的原则，协助基层

党组织规范履行发展党员手续，严格把关，确保党员发展质量。具体内容包括：协助学院党委和组织部门检查、指导、督促基层党组织健全和坚持党内组织生活制度；协助基层党组织制订发展党员工作计划；协助做好学院业余党校、学生业余党校工作；指导基层党组织做好壮大入党积极分子队伍的工作，协助基层党组织对入党积极分子的培养、教育和考察。经常检查基层党组织培养入党积极分子的程序、材料是否规范，手续是否完备，是否定期听取培养人汇报培养情况、定期讨论发展党员工作。经常与入党积极分子谈话，辅导入党积极分子定期撰写思想汇报，了解他们的成长成熟情况，及时发现、解决入党积极分子在培养、教育、考察中出现的问题；审查发展对象材料，认真考核发展对象；协助基层党组织做好接收预备党员工作；协助基层党组织做好预备党员的教育、考察和转正工作；协助基层党组织抓好对党员的日常教育和管理等。

健全组织员工作制度，使组织员工作更加适应新形势、新任务、新要求势在必行。加强对组织员管理的制度建设，建立健全学习、例会、培训、考核、评比等工作制度。建立健全组织员例会制度，定期组织开会交流，便于学校党委及时掌握基层党组织的现状和党建工作动态，也为准确制定制度政策、指导党建工作提供第一手资料。组织员通过例会进行工作交流，不仅提高了政治素质和工作业务水平，还可以及时发现好的做法，取长补短，互相促进。建立组织员考核制度，定期从德、能、勤、绩等方面对组织员进行绩效考核，奖勤罚懒，奖优罚劣，既有压力，又有动力，不断增强组织员的政治责任心和工作的积极性。

三、以专带兼、专兼结合，提高学生党建工作的实效性

高职院校专兼职组织员队伍建设是学生党建能力建设的基础性工作。优化各级组织员的学科结构、性别结构、年龄结构，积极拓展组织员选配渠道和方法，制定组织员行为规范和工作纪律，调整完善专兼职组织员工作职能，培养造就一支政治过硬、业务精通、

作风优良、纪律严明的专兼职组织员队伍。专职组织员是学校党员发展的中坚力量，校级专职组织员一般为学校的处级干部，他们的工作时间固定，工作资源相对丰富，而兼职组织员大多是退休干部，工作时间相对较短，工作资源相应不足，对入党积极分子的培养很难做到随时随地进行。比如，《中共北京青年政治学院委员会关于加强组织员队伍建设的意见》（院党发【2007】15号）对兼职组织员的工作时间规定为“兼职组织员每月工作日应不少于4天，当工作任务较为集中时，应适当增加工作时间。”明确了专兼职组织员各自的工作优势，理顺专兼职组织员关系，是高效发挥组织员作用的关键。明确了专兼职组织员的工作任务和相互关系，可以避免不必要的工作重叠，弥补工作过程中可能会出现的漏洞。在校级层面，高职院校对学生党员的培养提出了以专职组织员为主、兼职组织员为辅的培养策略。专职组织员在学校组织部的指导下，全面负责组织员工作，抓好学生党建工作，兼职组织员按照分工与教学系部对接。兼职组织员对专职组织员负责，兼职组织员有责任关心兼职组织员的组织管理模式。

四、严格要求、热情帮扶，发挥退休同志的把关督查作用

2008年12月，习近平同志在第十七次全国高职院校党建工作会上强调，建设一支专兼结合的高素质党务工作和高职学生思想政治工作干部队伍，是全面加强高职院校党的建设、加强和改进高职学生思想政治工作的必然要求。要按照德才兼备和专兼结合的原则，选拔和吸引更多政治素质高、思想作风好、热爱党务工作、善于做群众工作、具有较高学术造诣和较强组织管理能力的党员干部和教师从事学校党务工作。

应该说，高职院校学生党员群体主流是值得信赖的，但的确存在少数高职学生党员政治信仰迷茫、理想信念模糊、入党动机不纯、对党的基本知识了解不够、党性观念不强、先锋模范作用不突

出的现象。组织员的重要职责，是严格把关防止不符合要求的学生混入党内，确保学生党员的质量。高职院校退休老党员是党的重要政治资源和宝贵财富，他们熟悉党的建设理论和党的组织工作业务，党务经验丰富，聘请退休老党员担任兼职组织员，是进一步加强学生党支部建设、加强在高职学生中发展党员工作、培养中国特色社会主义合格建设者和可靠接班人的重要举措。退休老同志以兼职组织员身份参加学生党建工作，把好发展党员工作中的教育培训关、入党程序审查关、谈话考察关，启发入党对象的政治觉悟，端正他们的入党动机，加强学生党性教育，切实坚持党员标准，保证新党员的质量，增强新党员学习党的理论知识的自觉性，往往能起到意想不到的好效果。高职院校有必要根据学校党建的目标要求和任务需要，坚持自愿奉献和量力而行的原则，倡导党务经验较丰富的退休老同志担任兼职组织员，参与到学生党建的工作中来。

以北京青年政治学院为例，2007 年始配备了 5 名退休老同志作为兼职组织员充实到全校 11 个教学系部，协助进行学生党员发展和基层党建工作。这些老同志有的曾为党总支或党支部书记，有的从事过多年党务工作，他们工作热情高，政治立场坚定，有着较强的政治敏感度。面对高职学生思想活跃，求新意识强，但在吃苦精神、抗挫折能力、意志品质等方面却相对较弱的现状，兼职组织员积极与各教学系部党总支沟通，了解入党积极分子学习、生活等方面的情况，在和入党积极分子谈话时能利用自己丰富的人生阅历和深刻的人生感悟对学生进行有针对性的谈话，促膝长谈式以及一对一的工作方式，改变了以往党务工作人员不足时采取的一对多的谈话方式，扭转了针对性不强，对学生缺乏个别指导，犹如隔靴搔痒的局面，赢得了各系党总支和积极分子的欢迎。

第四章 失范行为：高职学生思想政治教育的严峻挑战*

高职院校是培养高技能人才的重要基地，高职学生是青年学生群体的重要成员，是未来中国特色社会主义事业的建设者和接班人，是推动我国社会发展、科技进步和构建和谐社会的重要力量。然而，大多数高职院校或是从高专转型而来，或是从中专“三校”升格而来，或是从成人高校改制而来，办学规模较小、办学效益较低、办学历史较短，教育质量和办学特色改进空间较大。高职学生作为社会最为敏感、最为活跃的群体，面对纷繁复杂的社会现实和新旧道德行为规范的矛盾和冲突，面对人才培养体制上人文精神培育的缺失，部分学生不可避免地沾染了社会不良风气，直接表现为学习目标不明确、学习态度不端正、组织纪律松弛，存在一些打架斗殴、品德不良、不遵守纪律、沉迷于网络等现象，部分高职学生行为失范已成为困扰高职院校思想政治教育工作中的重要问题。研究和了解高职院校的学生失范行为表现及成因，开展有效的教育管理，实现对高职学生失范行为的预防及矫正，对高职院校的学风建设和人才培养质量的提高，有着积极的现实意义和理论意义。

* 本文系2014年度首都大学生思想政治教育一般课题“北京高职院校大学生失范行为研究”的阶段成果。

第一节　高职学生失范行为概述

“失范”一词是法国社会学家涂尔干最早提出来的，主要指个人的欲望和行为的调节缺少规范、制度化程度差而丧失整合的、混乱无序的社会状态。失范行为包括越轨行为、违法行为和犯罪行为。越轨行为是可能引起非议或轻微惩罚的行为；违法行为是违反了各种教育法律与法规的行为，会遭到执法机构的轻度惩罚；犯罪行为是最严重的失范行为，是一种触犯刑律并受到严惩的行为。本章所指的失范行为是指高职院校学生与学校倡导的主流价值标准和规范准则发生冲突、对抗的现象。越轨行为是被某一社会群体的成员判定为违反其准则或价值观念的行为。越轨行为是大学生中常见的失范行为，因而对于大学生越轨行为的研究也相对比较多见。“失范行为”一般与“问题学生”是伴生词。

目前，对于大学生失范行为的研究主要集中在以下几个方面：

一、大学生失范行为表现研究

大学生失范行为研究将大学生失范行为分为道德、纪律、法律三个层次。沈曦、冉阳在“大学生学习道德的失范及调适”、王一鸣等在“大学生道德失范及对策分析”、毕天云在“学生越轨行为的社会学分析”、徐乃龙在“大学生越轨行为的社会心理透视”、陶若铭在“大学生违法犯罪成因分析及防治对策”、杨君玉在“且议大学生违法犯罪现象及其防控措施”等文章中，都对大学生道德、纪律、法律这三个层次的失范行为表现进行了归纳：课堂学习注意力分散，自习乱象，考试违规，社会责任感淡漠，价值取向存在偏差，社会公德素养较差，学习道德、恋爱道德、网络道德失范严重，学业作弊严重，学费恶意拖欠，功利思想严重，无视公德，损坏公物，非道德恋爱，打架斗殴，偷盗扒窃，吸毒贩毒，卖淫嫖娼等现象。相关统计表明，近年来大学生违法犯罪行为正呈逐年上升趋势，引起社会各界广泛关注。

二、大学生失范行为原因研究

普遍认为，大学生行为失范的主要原因包括四个方面：社会大环境的影响，学校小环境中的某些不良因素的影响，家庭教育功能退化的影响，大学生道德观念淡化和法律意识薄弱的影响。凡勇昆、王帅等的“问题学生失范行为的社会学分析”一文中从默顿的手段目标说、社会位移的失谐、同辈群体的负功能和科恩的青少年犯罪亚文化说四个方面对问题学生的失范行为进行了阐释。张世杰“青年学生失范行为及其对策研究”指出目前我国青年学生失范行为的主要原因，包括社会环境中消极因素的影响、学校教育不力、家庭不良环境影响和学生主观意志薄弱等。许利芹在“当代高职学生失范行为及其教育对策”一文中认为，大学生产生失范行为的原因主要有心理原因和社会原因。李飞在“社会角色理论视域下高校问题学生行为失范”一文中，从角色转换、角色冲突、角色错位、角色失败四个方面分析了高校“问题学生”行为失范产生的缘由。沈曦、冉阳在“大学生学习道德的失范及调适”一文中指出，大学生学习道德失范原因可归结为学习修养不足、专业信念不牢、学习方法不当、德育工作低效与网络的双刃剑效应等。李国琴在“大学生社会公德失范问题探析”一文中提出，当代大学生社会公德失范主要是因为知行脱节、现行教育体制的影响、道德教育层次的偏离、现行道德素质考核和评价体系的不完善等。冯亮在“大学生网络道德行为失范及对策”一文中提出，数字信息时代网络道德行为失范的原因，是自律道德弱化和难以形成他律道德。冯月明在“大学生学习行为失范的危害、原因及对策”一文中认为，学习行为失范是有害学习伦理的不良现象，它的出现和大学制度及其实践、大学生的内在特征有关。沈静、谢振荣在“加强人文精神教育对于预防大学生行为失范的意义”一文中认为，处于社会转型时期的社会背景和高等教育缺失人文教育，是大学生行为失范的主要原因。崔秋灏在“当代大学生诚信失范的表现原因及对策研究”一文中认为，大学生诚信失范有内部和外部两个根源，内部根源主要是大学生自身思想行为的缺陷、道德信仰的不坚定，外部根源主要是社会不良环境的侵蚀、家庭教育的误导和学校道德教育的缺陷。

三、大学生失范行为对策研究

研究者对大学生失范行为矫正进行了不同角度的探索，认为应加强学校教育，利用家庭教育，重视社会力量，内化教育规范，提出通过创设健康向上的同辈文化，改善家庭氛围，促进教育界人士和家长达成共识等。马和民在“学生失范行为及其教育控制”一文中认为，对学生失范行为的控制要渗透于学校工作的所有层面，学校对学生行为的控制涉及对规范行为的激励和对失范行为的制约两类工作机制。沈静、谢振荣在“加强人文精神教育对于预防大学生行为失范的意义”一文中提出，积极开展大学生人文精神的培育对预防当代大学生行为失范问题以及对和谐校园建设的重要性。崔秋灏在“当代大学生诚信失范的表现原因及对策研究”一文中提出，创新大学生诚信教育与评价的体系，净化大学生的社会诚信环境。张泳、陶然在“大学生网络行为失范及防控系统构建研究”一文中认为，要在防控系统的构建上倡导外铄推动与内源发展相结合，将网络监管、职业生涯规划、素质拓展体验式教育、心理咨询、大学生科技创新融入防控系统的建设中，为高校的网络道德教育提供一些有效途径。沈曦、冉阳在“大学生学习道德的失范及调适”一文中指出，大学生学习道德的调适对策包括：提升学习修养，树立牢固的专业信念，寻求合适的学习方法，加强德育工作的有效性，消除不良网络信息的影响等。王一鸣等在“大学生道德失范及对策分析”一文中提出，大学生道德行为失范矫正对策是：营造良好的社会道德环境，优化学校育人环境，强化大学生主体德育培养。

已有大学生失范行为研究大多集中在失范行为本身的分析或某

一种具体类型的失范行为分析，或进行理论的泛泛探索，直接针对高职学生失范行为的研究较少。在高等教育序列中，高职院校与普通本科相比有着大为不同的特点，高职学生的失范行为表现、成因和对策也会有所不同。

第二节 高职学生典型失范行为案例及分析

北京市高等教育毛入学率2003年就达到了52%，进入高等教育普及化阶段。可以说，北京市高等教育接近全入时代，只要高中毕业生愿意且具备一定经济条件，总有机会接受高等教育。高职院校作为高等教育的塔基，招收的学生中存在着一定数量这样的学生，他们学习动力不足，必要的知识基础和学习能力准备不足，把大量时间用于交友、吃喝玩乐，对高职院校学生管理提出了严峻挑战。本研究以北京市某文科类高职院校作为案例，收集整理近年该院学生工作部门处理的各种学生失范行为事件，结合座谈会、个别访谈内容，对共性较多、相对突出、比较集中的失范行为进行归类，并作简要分析。

一、个人层面：打架斗殴、心理问题和恋爱问题等

（一）打架斗殴

打架斗殴是高职学生较为常见的失范行为，是行为人双方在失去理智和自我约束情况下的一种外部激烈的冲突，严重破坏校园的和谐氛围。2011年，该院共发生11起打架斗殴事件，其中7起因恋爱情感纠葛，3起因聚餐醉酒后失控，1起因个人性格缺陷。从处理打架斗殴事件过程中发现，42.2%为哥们义气，40.6%为恋爱纠纷，10.2%因老乡情谊，其他为7%。在同学、朋友交往中因言语、行为过激或双方性格等问题处理不好或不会处理同学关系容易引发打架事件。高职学生打架斗殴多因情感纠葛引起，也有部分斗

殴是酒精刺激或一时冲动导致，还有因兄弟义气或为朋友两肋插刀发生群殴事件。

1. 喝酒引起的打架斗殴

一群20岁左右血气方刚的青年学生学习生活在一起，发生分歧和摩擦是常有的事，而酒后滋事是大学生中时常出现的一种违纪行为。据统计，在情绪和酒精的作用下意气用事，酿成酗酒后打架、流血事件占打架的67.2%。一些学生在饮酒前并没有明确的违法动机和准备，但当饮酒到一定程度后，或由于兄弟义气或为朋友两肋插刀，或因平时琐事或饮酒过程中的言语不和等因素引起情绪冲动，失去理智，殴斗厮打，很容易发生打群架事件，有的甚至发生流血事件，轻则违反校规校纪，重则违法犯罪。在这类打架事件中，酒是联系哥们义气的方式，也是打架的催化剂。

【案例1】某7名男生，某日凌晨在校外就餐后回校，因酒后失控，走到学校礼堂东侧道路时与在此吃烧烤的几名留学生发生口角，进而导致冲突。事发后，保卫处老师、公寓值班员等及时赶到现场，控制了事态。

2. 恋爱交友纠纷引发的打架

高职学生因恋爱问题导致打架占有相当大的比例。一些学生对待恋爱问题不严肃，或玩弄感情；或脚踏几只船，引发恋人之间的争风吃醋，继而结伙斗殴；有的在恋爱中出现一些纠纷时，不会自己妥善解决或者寻求有效帮助；有的在交友中因一厢情愿，恋爱不成，导致心理失调，甚至发展到心理变态，继而引发报复斗殴等恶性案件。高职学生年龄多在17~21岁之间，正值青春发育期。美国性专家A. C. 金西将15~25岁归为第一个性活跃期，20岁左右更是男性性冲动的峰值时期，在此时期男性性冲动强烈，稍有性感刺激，立即出现性器官兴奋和性心理冲动。自制力差的人会迫不及待地追求发泄，发泄对象缺失就会无比烦躁，很容易出现性罪错。女性此时期生理也逐渐发育成熟，出现性欲但较含蓄，呈被动型，尚未达到性欲高峰期。这一时期性发育同心理发育并不同步，心理发育明显滞后，这是造成高职学生恋爱情感纠葛的重要原因。教师有必要对高职学生进行适当的性健康教育，指导他们集中精力学习，转移性冲动，使他们顺利渡过这个活跃期而终生受益。

【案例2】 杜某，某系女学生，某日晚，该生与男同学康某等3人在校外餐馆就餐，期间该生与男友通电话，康某故意开玩笑，在一旁大声说话，造成该生男友误会。餐后，该生等3人返回学校，至校门口附近，遭到该生男友等10人的殴打，致康某身体多处受轻伤。康某马上回宿舍叫来同学10多人，不顾学院执勤保安的劝阻，冲出校门，意欲报复，此时该生男友等人已经跑远，没有追上，康某等返回学校。

【案例3】 李某，某系男学生，某日晚接到女友电话告知被同宿舍女生打了。该生从女友处要来对方电话，发短信对对方进行威胁。之后，该生接到一陌生电话，恐吓说要到该校打他。次日，该生带朋友4人到女友所在某高职院校找对方说和此事，刚到该校门口便被对方十余人殴打。

【案例4】 王某，某系男学生，某日晚该生的高中同学与人因恋爱纠葛在该校附近打架，该生为帮助其同学持刀致人轻伤，被行政拘留10天。

3. 因猜忌与嫉妒而打架

有些学生由于个性或者成长经历的原因，不自信，对周围的人多猜忌多疑，总觉得别人跟自己过不去，背地里说自己的坏话；有的说者无心，听者有意，将别人的话胡乱联系，无端嫉妒他人；有的因自己财物失窃而对同学妄加猜疑，甚至对所谓嫌疑人采取违法的方法进行处理，引发斗殴事件。也有人嫉妒心重，看到别人的进步或者成绩就认为是对自己的威胁，常常利用一点小事就将事态扩大化，引发打架斗殴事件。

【案例5】 魏某，某系女学生，与另外一系女学生田某因男友问题曾发生过争执。某日，魏某在学生公寓乘坐电梯下楼时遇到田某，魏某故意当众说田某相貌丑，二人因而发生口角。离开大学生公寓后，田某同伴将魏某拦住，二人开始争吵厮打，后被巡逻保安员、同学以及保卫处老师阻止。其后，保卫处老师到学生公寓辨认二人身份。魏某同伴意图为打架双方进行调解，遭田某拒绝，魏某与田某在综合楼继续理论。二人的同伴因言语不合发生争吵，田某同伴的男友掐住魏某同伴的脖子，打了额头一拳，打出了一个包。后二者被同学和保卫处劝解。魏某同伴的亲属得知此事后先后来到学校，情绪比较激动，该同伴经医院诊断为颈部抓伤，前额挫伤，脑外伤后神经性反应。

4. 利益与经济问题引发的打架

随着经济社会的发展，高职学生关于竞争的意识也日益增强。激烈的竞争使得学生对自身的利益更加关注，校园中的一些评奖评优活动，更是成为学生关注的重点。由于同学们对规则的解读或者对事情或人的看法不尽一致，有时就会诱发打架等争端。也有学生因为日常交往过程中关于经济问题的认识不一致，或者因为简单的借贷关系引发纠纷。

5. 性格与个性差异引发的纠纷

目前，高职学生的主体为“90 后”，“90 后”学生个性张扬，善于表现自己，加上来自五湖四海，各人成长环境和经历不同，性格差异较大，众多因素导致在处理同学关系时，容易养成自以为是、唯我独尊的不良个性，极易互相看不惯、互相嫌弃，形成对抗心理，引起纠纷。有些学生在家为所欲为，这种不正常的心理到大学集体生活中易表现为不遵守公共道德和行为规范，发生矛盾纠纷时不仅不能严于律己，而且总觉得别人侵犯自己的尊严。因而在处理与同学之间的矛盾时，态度粗暴，蛮横无理，常为一些生活琐事而各不相让、大打出手。

打架斗殴影响面大，危害比较严重，轻则伤害同学间感情，影响友谊，破坏团结，使自己孤立于集体之外，失去从他人身上得到帮助及受他人启发以增长自己学识的良好机会。严重的打架斗殴行为，尤其是群体性打架斗殴，不仅破坏学校的良好氛围和校园风气，而且易被少数人挑拨利用，形成不安定因素，危及学校乃至社会的稳定。打架斗殴破坏良好的学习和生活环境，不仅损害学校声誉，而且伤害学生身心健康。心理承受能力弱的学生，与同学产生纠纷后更加压抑，性格变得孤僻、烦躁和沉闷，甚至因过度担心、焦虑而造成心理障碍。打架斗殴常因小事而起，但其一旦酿成治安刑事案件，轻则受到退学、开除的处理，重则触犯刑律，必将受到法律严惩。高职院校学生工作必须对症下药、未雨绸缪，对学生打架斗殴进行有效预防，并对学生打架斗殴进行及时疏导。

一要引导学生学会正确处理人与人、人与社会之间的关系。同学们来自不同的地方，成长环境不同，家庭条件不同，个人性格也各具特色，在生活及处事方式上有差别是正常的。同学们在一起生活学习要求同存异、相互尊重、互学互补、严于律己、宽以待人，要主动与人交往、广交朋友、交好朋友，处理好竞争与合作的关系，冷静面对分歧和矛盾，树立依法办事的法制观念，营造一种和谐和睦的氛围。

二要妥善处理突发性打架斗殴事件。突发性打架斗殴具有情境性、突发性和易消性，学校应该建立突发事件风险应对处理机制，相关人员要及时掌握、及时到位、及时处理，处理原则是避免留下后患。

三要防止积怨演变为斗殴。演变性斗殴指双方长期积怨，一方长期受辱被欺而无人调解，矛盾由量变发展到质变而产生激烈的报复性斗殴。这种斗殴往往比较激烈，因此要及早发现、及时化解和有效预防。

四是防止群体性斗殴。群体性斗殴往往因同学、老乡或朋友与人发生纠纷后，不能冷静处理而纠合起来向对方进行报复的斗殴。要引导学生明辨是非、冷静对待、增强法制观念，不能盲从介入。

（二）心理异常

心理异常是造成部分高职学生学习障碍的重要因素，心理问题产生的原因既有社会环境因素，也有家庭背景因素。高职院校应健全心理咨询机构，充实专业心理辅导队伍，加大对心理异常学生的帮扶和救助力度，用爱心和耐心帮助他们成长成才。

【案例1】学生陈某，在学生集体乘车去往军训基地时趁乱溜走，后该生与辅导员谈话时自称在高中时已有心理障碍，该生性格孤僻、独来独往、没有朋友，经常在学校哭。该生父亲脾气暴、喜骂人，父母感情不和，母亲因担心孩子没有提出离婚。

【案例2】学生潘某经常头疼，早自习也不上，经常给老师发短信言自己在调息念力，医院确认其有偏执妄想抑郁症，诊断该生应在家休息3个月。

【案例3】学生李某，父母离异后分别再婚，该生与奶奶一起住，性格叛逆。

【案例4】学生周某军训中表现不好，说话很冲，小毛病多，与同学相处不好。经了解，该生母亲去世，父亲再婚，自己在外打工赚取生活费，生活学习压力很大。经及时救助，表现大为好转。

【案例5】学生林某，因富裕家庭遭遇破产心理受影响，加上发现已去世的父亲生前在外另有家庭，母亲患有心脏病无工作，更是认为全世界对她都不公平。长期缺课，考前求任课教师帮忙，多门补考重修。

（三）恋爱问题

恋爱是在生理需要和高级社会需要的双重作用下产生的一种社会行为，与人的需要、动机、价值观以及气质、性格等人格因素有着密切联系。高职学生多在17～21岁之间，正值青春发育期。据美国性专家A. C. 金西的相关研究，15～25岁属于第一个性活跃期，20岁左右更是男性性冲动的峰值时期，在此时期男性性冲动强烈，稍有性感刺激，立即出现性器官兴奋和性心理冲动。自制力差的人会迫不及待地追求发泄，发泄对象缺失就会无比烦躁，很容易出现性罪错。女性此时期生理也逐渐发育成熟，出现性欲但较含蓄，呈被动型，尚未达到性欲高峰期。这一时期无论男女青年性发育同心理发育并不同步，心理发育明显滞后，这是造成高职学生恋爱情感纠葛的重要原因。很有必要对高职学生进行适当的性健康教育，指导他们集中精力学习，转移性冲动，使他们顺利渡过这个活跃期而终生受益。高职学生恋爱多数不是婚姻恋爱，许多学生因恋爱不仅不能正确处理好学习和生活的关系，而且也偏离了恋爱的道德、责任、婚姻、家庭及社会诸方面的方向：

一是单相思及爱情错觉。单相思是指异性交往关系中的一方倾心于另一方，却得不到对方回报的单方面爱情。爱情错觉则是指在异性间接触往来关系中，一方错误地认为对方对自己有意，或者把双方正常的交往和友谊误认为是爱情。爱情错觉是单相思的另一种形式，它常会使当事人自作多情。单相思使某些学生陷入痛苦的境地，处于空虚、烦恼，甚至绝望之中，不能正确处理学习和生活的关系。

二是恋爱动机不纯。有些高职学生恋爱不是出于爱情本身，而是为了弥补内心的空虚、孤独，或想寻找暂时慰藉、随大流消磨时间。这类学生很少把恋爱行为与婚姻结合起来考虑，缺乏责任感，在选择恋爱对象上不切实际。还有少数学生为了虚荣、嫉妒而恋爱，为了显示自己的魅力，借恋爱在同学面前炫耀，以满足虚荣心或嫉妒心，同时和几位异性同学交往、周旋，搞多角恋爱，甚至和谁都不确定恋爱关系。为追求物质享受的恋爱也是一种动机不纯的恋爱，只要有钱或物质享受，就陪着异性玩儿。

三是不成熟性和不稳定性。高职学生恋爱呈现低年级化，恋爱比例也呈上升趋势，由与人交往而演变为恋爱的从众心理在校园非常普遍。一年级就开始谈恋爱已不是个别现象，这些低年级学生社会阅历浅，思想单纯，对于自己人生目标和规划还没有很清楚的想法，在对待恋爱问题上就会表现为简单、幼稚和不成熟。在选择恋爱对象上往往重外表轻内在，在恋爱方式上往往重形式轻内容，在恋爱行为中往往重过程轻结果，重享乐轻责任。经济上尚未独立，恋爱过程中感情和思想易变，缺乏妥善处理恋爱中情感纠葛的能力，不仅恋爱的成功率很低而且易引发矛盾冲突。

四是恋爱情感纠葛引发冲突。不道德的多角恋爱易引起纷争、不幸和灾难，也极易发生冲突酿造悲剧，最终对所有当事人都产生不良后果。失恋也会给学生带来伤害，如悲伤、痛苦、绝望、忧郁、焦虑、虚无等情绪，这些消极情绪若不及时化解就会导致身心疾病。女生自控力与耐挫力较弱，重感情、易冲动，热恋中往往控制不了自己的情感，缺乏理智的驾驭能力，一旦恋爱受挫就会情绪失控无法自拔，对学习造成严重影响。因恋爱纠葛引发的打架斗殴占有相当大的比例，有些同学视恋爱为儿戏，相互玩弄感情，甚至脚踏几只船，引发恋人间的争风吃醋，继而结伙斗殴。有的因一厢情愿，恋爱不成导致心理失调，甚至发展到斗殴等恶性案件。

引导高职学生培养健康恋爱心理与行为，应该遵循以下原则：

一是树立正确的恋爱观。恋人关系是沿着同学—熟人—朋友—好朋友—知己—恋人这一线索发展的，恋人是思想品德、事业理想、生活情趣、责任义务和性爱等大体一致的有机结合，当1名男性成为1名女生心中任何人都不能代替的角色时，爱情就可能降临。要教育学生懂得爱情是一种相互理解、相互信任，是一份责任和奉献。理解对方是为个人和对方营造一种轻松和快乐的氛围，相互信任是自信的表现，责任和奉献是获得爱情的基础，也是个人的道德修养。高职学生应该把学业放在首位，摆正爱情与学业的关系，不能把宝贵的时间都用于谈情说爱而放松了学习。当女大学生把爱情视为生命的唯一时，爱情就是一株温室中的花朵，娇弱美丽却经不起任何的打击。当爱情成为女性唯一的存在价值时，她本人就会失去人格的独立和魅力，也很容易失去被爱的理由。

二是培养健康的恋爱行为。要诚恳坦率自然，不要装腔作势或举止粗鲁，不要拿自身优点比较对方的不足，以此抬高自己贬低对方，也不宜想方设法考验对方，这些都可能挫伤对方自尊心，影响双方感情。要注意克制恋爱中引起的性冲动，与恋人多谈谈学习和工作，把恋爱行为限制在社会规范内，使爱情沿着健康的道路发展。女大学生还有必要加强自身修养，在交往中注意语言、行为、装束方面，不作轻浮之举，不贪图钱财等，不去治安情况复杂的公共社交场所，夜间不能单独与他人活动时间太长等。

三是培养爱的能力与责任。要有爱和接受爱的能力，要敢于表达、善于表达，面对别人的爱时能及时准确地作出判断和选择，能承受求爱拒绝或拒绝求爱所引起的心理扰乱。拒绝爱要在不伤害对方自尊心、真挚地尊重他人的基础上勇敢地说“不”。要有无私的品格和奉献精神，有善于处理因爱可能导致的矛盾的能力，有效地化解消除恋爱、学习、同学、生活和家庭中的矛盾纠纷，为恋人负责，为社会负责。

四是提高恋爱挫折承受能力。恋爱挫折对高职学生的心理承受能力就是一种考验，对失恋的正确应对实际上能真实地反映大学生心理成熟度。爱情受挫，要用理智驾驭感情，理智分析原因总结教训，寻找解决问题的方法和途径，在新的追求中确认和实现自己的价值，从而提高自己的心理承受能力和思想水平。通过适当的情绪调节、宣泄和转移减轻痛苦。如果能够理智地从失恋中解脱出来，往往会使自己变得成熟起来。

【案例1】刘某，某系男学生在网上冒充名校学生，诱骗外地在校女大学生网友与其发展恋爱关系。双方见面后，女方识破骗局并提出与之分手，但刘某不断尾随女方，并在女方所在学校女生宿舍楼下高喊“×××——我爱你！”女方亲人报警，双方学校出面批评教育，最终解除了恋爱关系。

二、学校层面：旷课、学习态度不端正、学习困难等

高职学生的某些失范行为与学校教育教学密切相关，主因是学生的主观愿望、客观条件、个人兴趣等完全不能与学校安排的教育教学内容及方式实现对接，从而导致部分学生行为失范。比如，旷课、学习困难、过度兼职等。

（一）旷课、兼职、学分不满

学生旷课的原因很多，高职院校学生旷课主因是学校专业设

置、课程安排、教学内容、教学方式不能满足学生学习需要，对学生难以产生吸引力。也有部分学生不能处理好打工与学业之间的关系，导致兼职和上课时间冲突。强化实践育人环节、创新教育教学方式、提高学校教育吸引力，是减少高职学生旷课的治本之策。

【案例1】何某是毕业班学生，但不在校内居住，经常旷课，选修无学分，毕业有困难。何某班主任与其谈话，何某称在外报舞蹈班学习。辅导员联系家人，得知何某父母已离婚，父亲经常性急暴打子女。

【案例2】毕业班女学生张某缺课总数接近1/3，公选课缺4学分，正在补修学分。现在校外与男友同居，家里对此情况了解。

【案例3】学生刘某半学期缺课达30多节，家长溺爱总是为儿子旷课编造理由。

【案例4】学生姚某常旷课去麦当劳、肯德基打工或在宿舍睡觉，公共课和部分专业课考试不及格。

（二）学习困难、就业茫然

就业前景是困扰高职学生的重要主题，学生常常会因为对未来茫然而失去对专业学习的兴趣。高职院校要加强引导学生进行职业生涯规划，帮助学生准确分析自己的兴趣爱好、性格特点和就业创业能力，增强学习的目的性和计划性。

【案例1】学生周某，复转军人，在部队时不学英语，英语基础差，回校后经常挂科，多门课程不及格，系里需要专门为他安排补习。

【案例2】学生邱某和邢某对所学专业倍感疑惑，感觉前途渺茫，不满月薪仅2000～3000元小职员就业前景，梦想做挣大钱的销售工作。

【案例3】家住农村的学生王某，钢琴等技能课成绩稍差，学习倍感吃力，系里掌握情况后在各方面加以倾斜并提供专人辅导。

三、社会层面：夜不归宿、沉迷网聊等

中外意识形态的碰撞、市场竞争、贫富差距、理想与现实的落

差等社会转型带来的各种新问题容易引发大学生心理忧虑和思想波动。部分高职学生身上不同程度地存在政治信仰迷茫、理想信念模糊、价值取向扭曲、诚信意识淡薄、社会责任感缺失等问题，在成长过程中慢慢滋生了个人主义、享乐主义和功利主义等腐朽思想，对社会不满、对政府缺乏信任、对党和国家前途没有信心，他们很容易在社会不良风气中迷失自己，导致行为失范。

（一）晚归、夜不归宿

学生晚归或夜不归宿在某些高职院校比较常见，晚归或夜不归宿不仅违反了学校规定，而且存在严重的安全隐患。夜不归宿、晚归的同学以漂亮女生为主，很容易让人联想到社会不良娱乐场所的致命诱惑。

【案例1】某系女生余某和唐某，多次被发现在学校门口乘坐一辆保时捷轿车外出，且夜不归宿或在夜间凌晨1点以后返校，违反了学校规定。

【案例2】某系女生赵某，一学期内多次夜不归宿或在夜间凌晨1点以后返校，存在严重的安全隐患。

【案例3】某系男生王某，某日凌晨3时50分在校外喝酒后回到大学生公寓，当公寓值班员查问时，该生不配合值班员工作，并且大吵大闹。经过保卫处现场处理劝阻，直到5点才平静下来，严重扰乱正常生活秩序。

（二）沉迷网聊

网络成为现代社会不可或缺的重要学习、交际、娱乐工具，部分高职学生整天沉迷网聊不能自拔，不仅严重影响了学习，还对个人生活造成了很大困扰。

【案例1】某系女生郝某，网上交友认识一名外校男生，详细向对方告知自己真实情况，外校男生到学校寻死觅活地要求与之谈恋爱。

【案例2】某系女生杨某，整天沉迷于网络聊天，一旦成为网友，即全盘告诉对方自己的真实情况。

（三）信邪教、吸毒

某些邪教组织利用高职学生精神空虚、信仰缺失、阅历不足等弱点，千方百计接近他们，以各种方式诱使他们加入邪教组织。也有一些社会不良分子处心积虑设下层层圈套，或以小便宜勾引，或以金钱利诱，或以色相诱惑，最终把学生引入吸毒、贩毒歧途。

【案例1】某系学生王某，在兼职时认识一位热情老乡，很快成为好友，周末经常被老乡带着参加各种娱乐休闲活动。最终，王某在老乡的引诱下加入某邪教组织，后经学校反复教育改邪归正。

【案例2】某系学生高某，经朋友介绍认识一位出手阔绰的时尚青年，很快成为称兄道弟的哥们儿。最终，高某被引诱吸食毒品，被公安机关抓获。

第三节　高职院校学生失范行为的预防及矫正

高职学生失范行为的应对之策无外乎有两个，一是预防，二是矫正。未雨绸缪总比临渴掘井效果更好，相对于矫正，预防更为必要。诚如扁鹊所言："长兄病视神，未有形而除之，故名不出于家。仲兄治病，其在毫毛，故名不出于闾。若扁鹊者，鑱血脉，投毒药，副肌肤，故名闻于诸侯。"对于高职学生的教育，我们也应见微知著、防患于未然，不能等到问题出现再去矫正。否则，"曲突徙薪无恩泽，焦头烂额为上客"，学校荣誉蒙受损失不说，还让学生徒增更多成长的烦恼。

一、以思想政治理论课为主渠道，树立良好社会行为规范

思想政治理论课是结构合理、功能互补、相对稳定的课程体系，提供各专业学生必修的基础理论、基本知识和基本技能，是构成全面发展人才知识框架的奠基性课程，为学生提供了正确的世界

观和方法论，提供了正确认识世界和改造世界的强大思想武器。思想政治理论课帮助高职学生端正价值导向，正确认识社会发展的规律，认同中国特色社会主义道路，树立良好的社会行为规范，从而减少甚至避免失范行为。1950 年 5 月教育部颁发了政务院文教委员会批准的《北京师范大学规程》，规定政治课为全校本科各系的共同必修课，内容包括辩证唯物论和历史唯物论、新民主主义论、政治经济学等。1964 年 8 月中宣部、高教部、教育部印发《关于改进高等学校、中等学校政治理论课的意见》，提出政治理论课的根本任务是用马克思列宁主义、毛泽东思想武装青年，进行无产阶级教育，培养革命接班人。1980 年 7 月教育部印发《改进和加强高等学校马列主义课的试行办法》，1984 年 9 月中宣部、教育部发布《关于加强和改进高等院校马列主义理论教育的若干规定》，马列主义理论课成为社会主义大学的重要标志、社会主义大学的特点和优点。1998 年 4 月 23 日中央政治局常委会听取了教育部党组的汇报，确定“两课”课程设置方案。2004 年 8 月中共中央、国务院颁发《关于进一步加强和改进大学生思想政治教育的意见》，强调要“充分发挥课堂教学在大学生思想政治教育中的主导作用。”2005 年 1 月胡锦涛在全国加强和改进大学生思想政治教育工作会议的讲话中强调，“切实加强和改进大学生思想政治教育工作，培养造就千千万万具有高尚思想品质和良好道德修养、掌握现代化建设所需要的丰富知识和扎实本领的优秀人才。”2005 年 2 月中宣部、教育部发布《关于进一步加强和改进高等学校思想政治理论课的意见》，全国统一使用马克思主义理论研究和建设工程的统编教材。2008 年中宣部、教育部颁发《关于进一步加强高校思想政治理论课教师队伍建设的意见》。2013 年 12 月中共中央办公厅印发《关于培育和践行社会主义核心价值观的意见》。回顾历史，六十余年来党和政府对大学生思想政治教育的重视一以贯之，思想政治理论课体现了政党、国家的意志，体现了社会主义大学的本质要求，教材的科学性、权威性和严肃性不断增强，公共必修课的地位不断稳固，具体要求越来越规范。开好思想政治理论课可以从以下几个方面着手：

一要重视教师队伍建设。教师是人类灵魂的工程师，是青年学生成长的引路人和指导者，教师的思想政治素质和道德情操对青年学生具有很强的影响力和感染力，在思想传播方面起着十分重要的作用。思想政治理论课教师应该是社会主义理论体系的专家，具有坚定的共产主义理想信念，熟悉党史国史，具有较高的教育教学能力、善于与学生沟通交流，具有较强的终身学习能力。2013 年 11 月习近平给某高校教师回信时提出要求，高校思想政治理论课必须办好，把教材编写好，把教师队伍建设好，把课程讲好。教育部副部长李卫红指出：要认真抓好教师对马克思主义的真学、真懂、真信、真用问题，真正让懂马列、信马列、有理想信念的教师来教思想政治理论课。思想政治理论课更需要与时俱进，内容更新速度快，对教师终身学习能力的提高提出更高要求。正如习近平总书记所言，在农耕时代，一个人读几年书，就可以用一辈子；在工业经济时代，一个人读十几年书，才够用一辈子；到了知识经济时代，一个人必须学习一辈子，才能跟上时代前进的脚步。❶

二要加强党史国史教育。党史国史是思想政治理论课的重要内容，邓小平特别重视通过学习和了解中国历史来加强民族精神教育，他指出：我是一个中国人，懂得外国侵略中国的历史……要懂得些中国历史，这是中国发展的一个精神动力……我们要用历史教育青年，教育人民。习近平总书记也特别重视党史国史学习在大学生思想政治教育中的作用，他强调，学习党史国史，是坚持和发展中国特色社会主义、把党和国家各项事业继续推向前进的必修课。通过回顾我们党走过的光辉历程，特别是通过重温我们党领导人民在我国建设社会主义的历史进程，提高我们对坚持和发展中国特色社会主义的认识，增强做好改革发展、稳定各项工作的自觉性。党

---

❶ 习近平在中央党校建校 80 周年庆祝大会暨 2013 年春季学期开学典礼上的讲话［N］. 人民日报，2013 - 3 - 3.

史国史学习应该作为高职学生思想政治教育的必修课，要把党领导的革命、建设、改革的历史作为教科书，全面深刻地教育高职学生，提高高职学生拥护中国共产党领导的坚定性，增强高职学生对实现“中国梦”、“两个百年奋斗目标”的信心，激发高职学生积极向上和奋发有为的拼搏精神。

三要用理想信念“补钙”。让学生坚定理想信念，是立德树人的根本要求，是思想政治理论课的重要任务。习近平总书记强调，“做好青年思想引导工作、增强吸引力和凝聚力，必须站在理想信念这个制高点上。只有思想上、精神上的吸引力和凝聚力，才是内在的、强大的和持久的。”[1] 习总书记勉励广大青年一定要坚定理想信念，理想指引人生方向，信念决定事业成败。没有理想信念，就会导致精神上缺钙。中国梦是全国各族人民的共同理想，也是青年一代应该牢固树立的远大理想。中国特色社会主义是我们党带领人民历经千辛万苦找到的实现中国梦的正确道路，也是广大青年应该牢固确立的人生信念。广大青年要坚持用马克思列宁主义、毛泽东思想、邓小平理论、“三个代表”重要思想、科学发展观武装头脑，把理想信念建立在对科学理论的理性认同上，建立在对历史规律的正确认识上，建立在对基本国情的准确把握上，不断增强道路自信、理论自信、制度自信，增强对坚持党的领导的信念，永远紧跟党，高高举起中国特色社会主义伟大旗帜。[2]

四要重视学生道德教育。道德品质是衡量一个人的第一标准，道德教育是思想政治理论课的基本内容。习近平总书记指出，孩子要成才，必须先学做人。人而无德，行之不远。没有良好的道德品质和思想修养，即使有丰富的知识、高深的学问，也难成大器……难成对社会有用之人。[3] 陶行知也说过，道德是做人的根本，根本

[1] 习近平在同团中央新一届领导班子成员集体谈话［N］. 人民日报，2013－06－21.

[2] 习近平在同各界优秀青年代表座谈时的讲话［N］. 人民日报，2013－05－05.

[3] 习近平. 之江新语［M］. 杭州：浙江人民出版社，2007：64.

一坏，纵使你有一些学问的本领，也无甚用处。并且，没有道德的人，学问和本领愈大，就愈能为非作恶。孔子在《论语·述而》中说："德之不修，学之不讲，闻义不能徙，不善不能改，是吾忧也"。司马光在《资治通鉴》中写道："才者，德之资也；德者，才之帅也。""是故才德全尽谓之圣人，才德兼亡谓之愚人；德胜才谓之君子；才胜德谓之小人。"哈佛大学教授刘易斯批评说，哈佛大学在争夺优质师资和生源的过程中，忽视了大学教育的核心问题——责任感和公民意识的培养，是在追求失去灵魂的卓越。

五要改进教育教学方式。传统以学科知识体系为基本内容，以教材和黑板为基本呈现手段，以教师讲授的课堂教学为基本方法的思想政治理论课教学，越来越不为排斥主流意识形态的单向灌输的高职学生所接受。实践证明，用教知识的方法进行思想政治教育效果不会很好，改进思想政治教育教学方法势在必行。思想政治教育必须带着感情教学，尽可能采取专题教学、展示教学、音像教学、现场教学、模拟教学、体验教学、案例教学、研究性教学、访谈教学、表演教学等多种教学方法，教学过程应该沉稳与激情并重、理性与情感并重、内容与形式并重、历史与现实并重，最终让学生欣然接受精神洗礼，让教学内容真正触及学生灵魂，让学生的理想信念得到升华，让学生发自肺腑地从内心认同社会主义核心价值观，在大时代的背景下扮演好自己的小角色。

二、以心理健康教育为补充，完善失范行为预防和矫正途径

心理素质是以个体的生理条件和已有知识经验为基础，将外部刺激内化为能动的、稳定的、独特的并与人的适应行为和创造行为密切联系的心理品质。心理健康是以个体自我意识发展为核心，是由认知、需要、兴趣、动机、情绪、人格等智力和非智力因素有机结合的复杂整体。研究发现，心理异常是造成高职学生行为失范的重要原因，而心理异常往往又同学生特殊家庭背景、家庭教育方

式、先前学校教育、成长历程、社会环境等密切相关。大学期间，学生正处于人生观、价值观形成的关键时期，高职院校有失范行为的学生往往心理素质方面存在缺陷，他们心理比较脆弱，自我调控情绪的能力较差，自卑和自尊心强，存在相互矛盾的两极性心理问题。通过开展高职学生喜闻乐见的心理健康教育和心理咨询工作，引导高职学生调整心态、走出心理困境，是实现高职学生失范行为预防和矫正的重要途径。心理咨询是高职院校针对部分心理适应性困难和面临心理危机的同学而进行的，及时的心理指导、危机干预和心理慰藉。心理咨询可以通过面对面的心理疏导和网络心理咨询相结合的方式，既可以采取一对一私密性的咨询，也可以采取集体咨询的方式。心理咨询教师要与行为失范学生积极沟通，建立心理跟踪档案，维护学生心理健康，鼓励他们走出心理异常怪圈。对有失范行为的学生的心理健康教育，要充分研究和分析学生失范行为的特点，注意学生行为问题差异性，积极争取学生家庭教育有效配合，采取相应的教育措施，强化心理训练，让学生经受心理考验，有针对性地进行个性化教育。无论是心理健康教育还是心理咨询，都要以校本研究成果作为先导，提高针对性和实效性。

三、从高职学生特点出发，有针对性地开展失范行为预防及矫正

高职学生是当代青年的重要组成部分，是未来中国特色社会主义事业的生力军、建设者和接班人。实现“两个百年”的战略目标，必须让高职学生养成朝气蓬勃的精神风貌、自强不息的意志品格、甘于奉献的思想境界，牢固树立报效祖国的远大志向、对中国特色社会主义的坚定信念、对实现中华民族伟大复兴的必胜信心。高职学生同普通本科学生相比，在家庭背景、成长经历、个性特征、生活学习习惯等方面有很多不同的特点，知识水平更低、政治信仰更为复杂多样、道德品质更加参差不齐，受非主流思想影响更大，甚至不同院校、不同专业的高职学生也会呈现不同的特点，更

需要我们深入研究他们的特点，做到有的放矢。人的个性心理特征具有知、情、意、行四方面的完整性和结构性，高职学生的年龄特征和群体特征呈现以下特点：在认知方面，独立性意向发展很快，而认识能力发展跟不上，思维带有很大的片面性和表面性，往往分不清是非，容易走向偏执，容易把冒险当勇敢、把轻率当果断、把鲁莽当英雄；在情感方面，他们的情感很不稳定，青春期躁动，容易激动和急躁，好感情用事，不善于控制情绪，自主意识不强却又比较自我，思维活跃但有娱乐化倾向，容易为一时之得产生虚荣心，也容易为一时之失而产生自卑感，容易受别人诱惑，容易上钩、上当、受骗、结成团伙；在意志方面，表现为做事凭一时热情，不能持之以恒，自尊心很强，对别人对自己的评价极为敏感；在行为方面，喜欢争强好胜，对他人不信任，乐于参加各种课外活动但不愿受束缚，功利化倾向强且自律意识较弱，知行统一度不高，喜欢用一种固执的心态判断事物，自己胸无大志反而却把别人说得一文不值，以此遮掩自己的平庸。

例如，艺术教育更加强调以个人感悟、喜好为出发点，以学生自我体验为中心，这种特殊教学方式相对弱化集体主义观念。与其他专业大学生相比，艺术专业的大学生个性更张扬、情感更丰富、更自由散漫、更强调自我存在价值等，他们专业思想牢固，专业学习多能持之以恒、坚持不懈，但社会认同感不强，理想信念更淡薄；思想活跃，情感丰富，热情洋溢，但理性思维能力偏弱；个体意识突出，不想被条条框框束缚，有独特见解和创造力，但集体观念不强，比较重视个人在专业以及其他领域的突出能力，而不太注重协力合作；不太重视别人对自己的评价，片面追求与众不同，纪律意识和自我约束力较差，没有良好的学习和行为习惯，对校纪校规认同度低，容易出现违规现象；情感表现两极性，在取得成功时会喜形于色、得意忘形，但在遭遇挫折时容易一蹶不振、自暴自弃。

高职院校学生工作要有针对性地调整、完善学生的个性心理结构，这是转化学生失范行为的基本前提。个性心理特征基本结构之间相互联系和制约，任何一种因素的偏差和失衡都可能成为失范行为的导火索。高职院校要以“全员育人，全方位育人，全过程育人”为理念，晓之以理，动之以情，勉之以恒，导之以行，提高高职学生的认知水平，培养学生道德情感，磨炼学生道德意识，规范学生道德行为，让他们改变旧我，重塑形象，教师应该着重训练学生的道德行为，运用环境陶冶、活动练习、品德评价、操作鉴定规范学生的行为，促进他们形成良好的行为习惯。《荀子》曰：“木直中绳，輮以为轮，其曲中规。虽有槁暴，不复挺者，輮使之然也”，说的就是有效教育效力的持久性。

四、加强自律教育，探索失范行为的治本之策

无论外在的他律教育影响多么有吸引力和感染力，如果不能内化为高职学生的道德自律，不能转化为高职学生自觉行为，最终只能是飘浮在空中的云彩。为此须从以下几方面入手。

一要引导高职学生做好职业生涯规划。很多高职学生自认为是高考的失败者，是没有前途的社会另类，缺少积极向上的人生观和价值观，自卑、彷徨、茫然、无助、苦闷、悲观、自暴自弃是很多高职学生常见的心理状态，这种受冷落的社会弃儿心态是促使高职学生行为失范的重要动因。引导高职学生做好个人发展职业生涯规划，设计人生道路，辨明人生方向，明确人生奋斗目标，树立远大理想，重拾自信，是预防和减少失范行为的有效措施。职业生涯规划具有目标性和动力性，能够帮助高职学生将人生奋斗目标内化为自我发展的动力，帮助他们正确认识自身的兴趣爱好、性格特征等，激发他们学习热情和主动性。

二要培育高职学生道德自律精神。思想政治教育成功的标志是学生养成了以“慎独”为核心的道德自律。理性原则是人皆有之的，正确的道德意识养成关键在于提高高职学生自身免疫力。高职院校应该为学生成长创造一个宽松开明的环境，从新生入学培训和

心理辅导开始，帮助他们迅速正确定位，找到自身价值，融入新的学习环境和集体生活。没有自律意识的他们会对各种失范行为听之任之，甚至会沉溺其中。应引导高职学生客观辩证地认识自己、认识他人和社会，带着批判精神学习和生活，自觉抵制社会上享乐主义、拜金主义等不良思想的侵蚀和诱惑。加强自律意识是高职学生健康成长的重要保障，应通过有效途径促进学生综合素质的发展，提高学生行为自控能力，达到自觉长久的防控目的。

三要为高职学生自我管理创造机会。习总书记指出：读书客观上是一个去粗存精、去伪存真的过程，必须联系实际、知行合一……向实践求知，善读社会这部书，进一步加强调查研究……在耳闻、目见、足践之中见微知著、管窥全豹，获得真知灼见，形成正确思路，做出科学判断。❶ 高职院校应该创造机会、提供资助，帮助他们自主组织学生社团，参与社会实践，积极创业，扮演更加积极主动的社会角色，对他们进行励志教育，发现自我、挑战自我、锻炼自我，充分发挥主观能动性。高职学生自立、自律、自控、自主能力相对欠缺，一味管卡压、得过且过、心存放弃都不会取得好的教育效果。对于这些在基础教育阶段备受挫折的高职学生，更应该平等对待他们、尊重他们，把他们当做教育的主体和学校的主人，动员他们开展有目标的自主活动，帮助他们超越过去、摆脱自我放任，激发他们自我发展的自主性、主动性和能动性。鼓励他们学会与人交往，学会独立应对和解决各种问题和矛盾，关心社会，关爱他人，用自己的行动赢得社会尊重。

五、家庭、学校和社会教育相结合，筑牢防范大堤

家庭是孩子成长的摇篮，家庭教育具有启蒙性、长期性、感染性和全面性，对孩子的成长起着至关重要的作用。高职学生接受的是远离父母、远离家庭的集体性教育，家庭教育缺失或懈怠

❶ 习近平．之江新语［M］．杭州：浙江人民出版社，2007：64.

势必增加高职院校思想品德教育难度，学习生活有着很大的自主性和盲目性，但家庭教育对他们的思想意识与日常行为依然产生影响。高职院校学生工作人员在工作中要积极寻求家长的配合和支持，要与学生家长取得联系，帮助家长树立正确的教育观念，鼓励他们借助现代信息技术多与孩子沟通交流，缩短与孩子的代沟，及时准确了解孩子的思想和心理动态，帮助孩子树立良好的人生观、价值观，远程监督并引导孩子遵守道德和社会行为规范，形成家校教育合力。

高职院校教育是学生思想政治教育的主导力量，学校应该积极构建学校思想政治教育工作体系，全面贯彻“全员育人、全程育人、全面育人”的教育理念，调动社会资源发挥整体优势，让学校成为高职学生遇到困难时想得起、找得到、靠得住的情感港湾，采取多种措施提高思想政治教育理论课吸引力和感染力，定期举办校园思想政治教育主题活动，通过教育引导、舆论宣传、文化熏陶、实践养成、制度保障、自主教育、实践活动等，千方百计为高职学生践行社会主义核心价值观服务，帮助高职学生坚定走中国特色社会主义道路的人生信念，切实把社会主义核心价值观贯穿于学生学习与生活的方方面面，提高学生思想政治觉悟和认知水平，使他们不断增进对党的信赖，增强学生的道德判断能力，增强自我约束能力，使社会主义核心价值观内化为学生的精神追求，外化为学生的自觉行动。学校要组织学生多参加有意义的、力所能及的社会实践活动，接受社会上积极的教育因素，让学生在实践中锻炼自己、提高自己，形成正确的人生观、价值观。

社会原因是影响学生产生失范行为的重要原因。当代中国所有制结构、社会阶级阶层结构、人们的生活方式和思想观念呈现多元多变的特点，社会利益主体日益多元化、文化多元化、生活方式多元化。大学阶段是人一生中最易于接受新事物的时期，高职学生对社会生活、国情民意还没有较深入的了解，分析判断能力较弱，看待问题比较幼稚，因此就很容易受社会上一些不良因素的诱惑。在信息时代，高职学生成长的社会教育环境发生了巨大变化，现实环境和虚拟环境相互渗透，各种个人主义、利己主义、拜金主义、享乐主义、无政府主义社会思潮和不健康的垃圾信息充斥社会舆论和网络空间，大大冲淡了社会主义核心价值观和国家意识形态的传播、宣传、信仰的效果。在一些别有用心的人的教唆下，一部分心理和认知上不成熟的高职学生会干一些违法犯罪的事情。尤其是具有隐秘性的虚拟世界，对高职学生的负面影响更为突出，成为诱导高职学生行为失范的重要诱因。立足于数字化的电子生产、分配和信号交换传播系统，对社会结构产生了巨大影响，它将大多数文化表达形式包容进来，极大地削弱了宗教、道德、权威、传统价值、政治意识形态这类通过社会习俗作为历史编码发送信息的传统发送者的权力。❶ 网络已经成为思想文化信息的集散地、社会舆论的放大器、国家软实力竞争的制高点，深刻地改变着意识形态传播的方式和效果。❷ 国家层面上应建立健全网络文化法律法规，形成有法可依的局面，同时，加强社会监管，加快监管软件的技术开发，实现网络信息实时监控，努力确保网络信息的规范有序。总之，社会控制方式应从防禁转向疏导，引导高职学生建立与网络良好的互动秩序，同时运用网络进行社会教育。

❶ 包亚明．现代性与都市文化理论［M］．上海：上海科学院出版社，2008：147.
❷ 冯刚．国际化视野下高校德育的创新发展［J］．中国高等教育，2011（01）.

第五章　构建体系：高职学生思想政治教育的制度保障

——以北京青年政治学院为例

高等职业教育是我国高等教育的重要组成部分，承担着为国家经济社会发展培养高级技术技能型人才的重要使命。长期以来，思想政治教育是高等职业教育的薄弱环节，如何通过构建纵贯学校上下，横跨学校各部门、外联行业企业的人才培养体系，将思想政治教育工作无痕地融入学校“全员育人、全程育人、全面育人”整体育人计划及过程，是北京青年政治学院近年来一直苦苦探索的重大课题。2013 年，在学院党委的领导下，以学生工作部为主体，北京青年政治学院完成“基于年级特点、构建三年一贯制高职学生培养体系”（以下简称“体系”）的研究制定工作，并以党委文件形式下发，在全校启动实施，两年来取得了初步成效。

第一节　构建三年一贯制高职学生培养体系的基本设想

北京青年政治学院作为文科高职院校，一直将培养“人文素质高、社会责任感强、有一技之长”的合格高职生作为自己的人才培养目标。北京青年政治学院以学生工作为切入点和着力点，立足本校实际，结合高职学生特点，以培养“三位一体”的高技能人才为工作目标，积极探索“基于年级特点、构建三年一贯制高职学生培养体系”，充分发挥学院整体育人功能，服务学院的教育教学，确保学院的教育教学理念、教育主题和教育措施贯穿始终。“体系”围绕学生工作系统职责范围，以学风建设为主线，以系列活动为载体，以“三个立足”为工作原则，以培养三位一体高职人才为工作目标，以实施四个支柱性系列教育计划为工作思路，整合资源、突出重点、扎实推进。体系主要包括由学院学生工作部门和各系（分院、校区）共同完成的引航计划、树人计划、卓越计划和帮扶计划等四个计划项目。

一、“引航计划”：让学生树立职业理想和职业发展目标

“引航计划”是“体系”的奠基工程，体现职业教育的特点。良好的专业技能和职业素养是高职学生核心竞争力的基本内容。“引航计划”依托学生活动专业化模式，将“专业教育和职业素养教育”贯穿三个年级，一步步引领学生深入专业，掌握技能，树立职业理想和职业发展目标。

1）一年级开展适应性教育，帮助学生了解专业、学会学习，完成从中学到大学的转变。

（1）开展大学生学习指导；

（2）开展专业认知教育；

（3）开设职业生涯规划课程；

（4）开展学长计划；

（5）开展校规校纪及安全教育；

（6）开展恋爱、择友观教育。

2）二年级开展“专业、专攻、专长”教育，着重提升学生的专业技能。

（1）举办职业文化节、科技文化节；

（2）举办“学生职业技能展示月”活动；

（3）开展大学生科研训练；

（4）落实“朋辈”帮扶计划；

（5）组织引导学生考取专（职）业资格证书。

3）三年级开展“择业、创业、就业”教育，着重加强学生就业技能培养。

（1）加强就业技能培训和就业个性化指导；

（2）举办求职训练营及模拟面试大赛；

（3）加强就业信息网络平台建设；

（4）开展竞争与创新意识教育；

（5）开展创业教育和创业服务。

二、“树人计划”：让学生具备较高的人文素养

“树人计划”是“体系”的核心内容，体现学院工作的重心。以培养社会主义事业合格建设者和接班人为核心，在学生中大力倡导“爱国、敬业、诚信、友善”的社会主义核心价值取向，依托校园文化和学生工作组织，将“人文素养教育”贯穿三个年级，培养具有较强文化素养、良好道德修养、身心健康的学生。

1）一年级开展“三生教育”活动，帮助学生树立正确的生命观、生存观和生活观，使学生在人格上获得健全发展。“三生教育”基于人的最基本生活知识、生存技能和生命认知，它结合高职学生的实际，以“生命、生存、生活”为主题，从最基本、最急需、最直观的方面入手，开展养成强化、技能训练和人文素质培育，帮助学生深刻理解“珍爱生命、学会生存、在生活中感恩”的实质内涵。

（1）开学典礼；

（2）入学教育；

（3）身体健康运动与素质拓展训练；

（4）野外生存与自救互救训练；

（5）阳光心理活动。

2）二年级依托学生党团组织和学生社团，开展校园文化活动，加强美育教育，增强学生的人文素养。

（1）社团文化节；

（2）高雅艺术进校园；

（3）各种艺术团体活动；

（4）艺术文化节；

（5）传统文化教育；

（6）围绕社会主义核心价值体系开展各类主题教育活动。

3）三年级主要培养学生良好的政治和道德情操，重在职业操守教育，使学生具备准职业人的基本素质，做好进入社会前的准备。

（1）实习纪律教育；

（2）文明离校教育；

（3）毕业晚会和毕业活动；

（4）毕业典礼；

（5）开展职业道德、诚信和廉洁教育活动。

三、"卓越计划"：让学生拥有较强社会责任感

"卓越计划"是"体系"的提升工程，体现学院育人工作的重要特色。北京青年政治学院以"青年"和"政治"为办学特色，卓越计划依托学生社会实践，将"社会责任感教育"贯穿三个年级，培养一大批具有中国特色社会主义理想信念，践行社会主义核心价值观，政治上积极要求进步，有较强的社会责任感的卓越高职生。

1）一年级依托学生班级和学生团体，着重培养学生的团队与集体意识。

（1）开展党团主题教育活动；

（2）开展学生入党积极分子培训；

（3）开展团学组织骨干培训活动；

（4）开展团队意识教育活动，创建优秀班集体和优秀团支部；

（5）开展感恩教育活动，培养学生感恩意识。

2）二、三年级依托学生志愿者服务和社会实践活动，着重培养学生实践与服务社会意识。

（1）开展各类志愿者团队活动；

（2）基于专业优势开展社区或专业服务；

（3）开展党支部红色“1+1”共建活动；

（4）开展寒暑假社会实践活动；

（5）开展学习型宿舍创建与评比。

3）三年级依托毕业生评奖评优活动，着重培养学生的担当与成就意识。

（1）开展主题班会或团日活动；

（2）开展社会实践总结及表彰；

（3）开展毕业生跟踪调查活动；

（4）开展奖学金及优秀毕业生的评选活动。

四、“帮扶计划”：让每一个学生都成才

“帮扶计划”是“体系”的保障工程，体现党和政府的温暖。围绕“不放弃一个学生”的目标，建立学校范围的帮扶体系，三年中坚持对有学业困难、纪律问题、经济困难和身心疾患的学生，按照“一人一策、一人一组”的原则，落实帮扶措施和责任，教育学生从接受关爱，到自主自强，再到服务社会，努力让每一名学生健康快乐成长。通过增强辅导员深度辅导力度，进行座谈走访，开展学习指导，实施学长计划等措施帮助学生解决学业和纪律问题；通过开展形式多样的扶贫济困活动，解决经济困难学生后顾之忧；通过对学生进行心理问题筛查，开展一对一心理咨询和疏导，助力学生成长成才。

1）注重学生心理问题的筛查，加大心理辅导的力度；

2）加强贫困生数据库建设和维护；

3）增加学生勤工助学岗位的投放，提供勤工助学机会；

4）深化辅导员深度辅导，坚持辅导员、班主任进宿舍制度；

5）开展形式多样的扶贫济困活动。

“基于年级特点 构建三年一贯制高职学生教育培养体系”工作明细表

	一年级	二年级	三年级	备注
领航计划	(1)开展大学生学习指导；(2)开展专业认知教育；(3)加强职业生涯规划课程；(4)开展学长计划；(5)开展校规校纪及安全教育；(6)开展恋爱、择友观教育	(1)举办职业文化节、科技文化节；(2)举办“学生职业技能展示月”活动；(3)开展大学生科研训练；(4)落实“朋辈”帮扶计划；(5)开展专业资格证获取活动	(1)加强就业技能培训和就业个性化指导；(2)举办求职训练营及模拟面试大赛；(3)加强信息网络平台建设；(4)开展竞争与创新意识教育；(5)开展创业教育和创业服务	按照工作方案,学生工作部门、相关职能部门、系(分院、校区)在工作范围内自主开展相应工作
树人计划	(1)开学典礼；(2)入学教育；(3)身体健康运动；(4)野外生存与自救互救训练；(5)阳光心理活动	(1)社团文化节；(2)高雅艺术进校园；(3)各种艺术团体活动；(4)艺术文化节；(5)传统文化教育；(6)围绕社会主义核心价值体系开展各类主题教育活动	(1)实习纪律教育；(2)文明离校教育；(3)毕业晚会和毕业活动；(4)毕业典礼；(5)开展职业道德、诚信和廉洁教育活动	

续表

<table>
<tr><th></th><th>一年级</th><th>二年级</th><th>三年级</th><th>备注</th></tr>
<tr><td rowspan="2">卓越计划</td><td rowspan="2">(1) 开展党团主题教育活动;
(2) 开展学生入党积极分子培训;
(3) 开展团学组织骨干培训活动;
(4) 开展团队意识教育，创建优秀班集体和优秀团支部;
(5) 开展感恩教育活动，培养学生感恩意识</td><td colspan="2">(1) 开展各类志愿者团队活动;
(2) 开展基于专业优势开展社区或专业服务;
(3) 开展党支部红色“1+1”共建活动;
(4) 开展寒暑假社会实践活动;
(5) 开展学习型宿舍创建与评比</td><td rowspan="3"></td></tr>
<tr><td></td><td>(1) 开展主题班会或团日活动;
(2) 开展社会实践总结及表彰;
(3) 开展毕业生跟踪调查活动;
(4) 开展奖学金及优秀毕业生的评选活动</td></tr>
<tr><td>帮扶计划</td><td colspan="3">(1) 注重学生心理问题的筛查，加大心理辅导的力度;
(2) 加强贫困生数据库建设和维护;
(3) 增加学生勤工助学岗位的投放，提供勤工助学机会;
(4) 深化辅导员深度辅导，坚持辅导员、班主任进宿舍制度;
(5) 开展形式多样的扶贫济困活动</td></tr>
</table>

第二节　三年一贯制高职学生培养体系的推进方式

制定出一个好文件，“体系”构建好了，只是万里长征走完了第一步，关键还在于如何落实文件。贯彻落实要防止徒陈空文、等待观望、急功近利，更要讲究科学性、可操作性，选择恰当的推进方式。

一、顶层设计，理清思路，构建育人工作体系

基于年级特点，构建三年一贯制高职学生培养体系，力图运用顶层设计理论，通过自上而下、自高端至低端层层系统推进的设计方法，完善整体育人模式，指导学院各系（分院）学生工作，提升高职院校的育人效果。“体系”以实施系列教育计划为基本工作思路：一年级以“适应·引导”为主题，二年级以“成长·历练”为主题，三年级以“发展·服务”为主题，四项计划在实施过程中互为补充，形成学生教育培养的立体式培养体系，做到“三年一贯制，年年有侧重”。

“体系”不仅从顶层设计角度指明了教育教学工作的方向，而且全面具体地构建了教育教学实践的框架体系，广泛地涵盖了学生工作的方方面面。在“体系”贯彻实施的过程中，学生工作干部最大的体会就是工作思路更加明确，教育教学实践也有了依据。在“体系”的指导下，四项计划开展得如火如荼。在“引航计划”中，“学长计划”的形式和内容不断创新，成为各系（分院）开展教育教学实践工作的常规模式；职业资格获取活动使得各系（分院）在相关职业资格证书的考取方面达到了新的水平。在“树人计划”中，校运动会和宿舍文化节活动成为开展身体健康运动和校园文化建设的重要契机。在“卓越计划”中，志愿者活动成为开展社会实践、培养社会责任感的重要途径。在“帮扶计划”中，仅2013年上半年就共资助学生23942人次，投入资金7034277元；学院的心理咨询中心接待学生个体咨询78人次，开展团体辅导36人次，开展心理委员培训80多人次，给予学生心理健康问题更多的关注和辅导，也已在各系（分院）达成共识。

二、立足院系特点，发挥专业优势，创新活动形式

各系（分院）认真贯彻落实“体系”要求，仔细分析自身特

点，积极探索有效路径，充分利用现有资源，通过专业优势创新活动形式，创造性地落实四项计划，以计划指导实践，以实践完善计划，取得了良好成效。所学专业与所开展活动的紧密结合，不仅使得培养方式更具新意，而且使得活动本身更接地气，更能够充分调动学生参与的积极性。

在“引航计划”中，法律系利用法学专业优势，将普法教育与安全教育融合，开展法律安全教育实践活动；文秘系通过举办秘书节系列活动，如摄影比赛、公文写作比赛、PPT 演讲比赛等与文秘职业技能相关的比赛，来激发学生对所学专业的兴趣和热情。在“树人计划”中，青少系利用青少年工作与管理专业在青少年素质拓展方面的专业优势，组织学生成立“阳光青少拓展队”开展实践活动，并组织团学干部参加户外安全技能培训，来培养学生的安全意识，增强学生的生存和自救能力；艺术系秉承“寓思想教育与艺术教育之中”的理念，利用艺术设计专业优势开展“放飞梦想奔前程”毕业设计作品展，增强学生人文素养。在“卓越计划”中，管理系通过开展松堂临终关怀医院志愿服务团队活动和安民打工子弟小学志愿服务活动，英语系通过开展“‘市民讲外语’进行业进社区”等社会实践活动，来培养学生的实践和服务社会的意识。在“帮扶计划”中，社工系利用心理学专业优势，开展快乐宿舍工作坊——人际关系团体辅导活动。

三、以年级为着力点，有重点、分层次地开展计划

基于年级特点开展工作，是学院构建育人模式的重要特色。首先，以往的工作显示，用同样的内容和方法进行全院统一的学生活动和工作，用同一个模式去塑造学生而不考虑不同年级学生的身心和思想状况差异，特别是个体的差异，使工作难免缺乏应有的针对性。结果常常表现为表面上看很重视，轰轰烈烈，齐抓共管，但实际上往往许多学生对工作并不认可和接受，造成效果不理想，有时甚至出现非常尴尬的局面。其次，从不同年级学生的特点看，也有

着较强的差异性。“体系”注重对大一新生的入学教育工作，将新生教育从入学教育周延长到大一整个学年，注重加强适应性、理想、道德及行为养成教育；大二学生是学校开展各项工作和活动的骨干力量，也是优秀学生培养的关键时期，大三毕业生则较多关注就业方面的技能和知识的培训。再者，如果育人工作只有活动，缺乏规范不成体系，就难免造成由于学生工作干部发生变化而产生不连贯性，影响工作效果。因此，以年级为着力点，制定科学的分年级、分重点和分层次进行思想政治教育，挖掘不同年级大学生的优势潜能，调动各年级大学生接受教育的积极性和主动性，对提高育人工作的质量和效果产生了较好的促进作用。

在“体系”的实施过程中，管理系学生工作负责人认为，将学生工作简化区分为针对一、二、三年级学生开展工作的具体要求和内容，加以贯彻和落实，在教育教学实践中更便于操作和执行。传播系采取“分层分区”的方法开展学生工作，所谓分层，即把学生工作系统分为学生工作领导小组、辅导员班主任、团学组织、班团组织和学生个体五个层级，每个层级承担不同的职责和任务；所谓分区，即是把所有的工作任务按主题划分，加强工作设计和策划，由团学组织和班团组织根据承担的职责分块落实；按照这一方法，传播系各个层面在各自的区域中，较好地完成了既定的各项工作任务。

四、明确工作原则，统分结合，强化督导评估

基于年级特点、构建三年一贯制高职学生培养体系，立足全员育人，探索以学生工作系统为主，相关部门密切配合的工作联动机制；立足第二课堂，兼顾第二课堂与第一课堂的衔接，注重学生社会实践；立足各系（分院、校区）师生，鼓励结合专业特点开展教育。三年一贯制高职学生教育培养工作，采取学生工作部门与相关职能部门、各系（分院、校区）各司其职、各负其责，统分结合的工作方式。学生工作委员会负责统一领导，办公室设在党委学生工

作部（学生处），全面统筹、组织、协调各项活动的完成、督查和评估等工作。将四个支柱性计划项目纳入学生工作考评体系，作为学生工作综合考评的重要评选依据，大大促进了学生思想政治教育工作的条理化和有序性，提高了育人工作实效。如青少系严格考核，每次活动对参与的人员和实践效果都会做一个详细记录，为各类评优及“青少之星”的“实践之星”和“志愿之星”的评比，提供参考数据，取得良好效果。

第三节　三年一贯制高职学生培养体系的实施成效

自“体系”贯彻实施以来，“体系”所传达的精神深入人心，在全体学生工作干部中形成了广泛共识。按照“体系”的要求，通过不断地探索和实践，学院学生工作日益规范化、体系化、科学化，全员育人取得显著成效，很好地推进了我院育人工作。

一、“引航计划”锻炼了学生的专业和职业技能

“引航计划”依托学生活动专业化模式，将“专业教育和职业素养教育”贯穿三个年级，一步步引领学生深入专业，掌握技能，形成高职学生核心竞争力。“引航计划”这一系列活动的开展，引起了学生对诸多重要问题的关注，指导老师赢得学生的信任。入学教育是引航计划的重要环节。学院在入学教育中引入团体辅导的内容，通过对学生进行团体心理辅导，引导学生加快完成角色转变，加强学生的团队意识，增强班级凝聚力。此外，大一新生还开展了内容涉及认知教育、职业生涯规划、安全教育、恋爱择友观教育等诸多方面的讲座和活动，目的就是帮助新生了解专业、学会学习、学会保护自己，完成从中学到大学的适应性过渡。

大一新生离开家庭和中学的“全面管理”，人生首次开始独立

生活，是心理问题和学业危机的高发阶段。统计显示，大一新生易出现的心理问题中，有关人际关系、两性关系的所占比例最高。为此，我院为新生男女生分别开设了有关人际交往的系列讲座，例如讲座《朝阳的爱情》，主要给这些刚成年的年轻人讲“责任”二字，教他们在刚开始的独立生活中，包括两性关系上树立责任观念。每次开讲时，有近百座位的大教室里总能满座，中途没有人讲话、没有人睡觉、没有人离席。主讲老师说，经常有学生在讲座后私下找他，叙说心里的困惑，甚至让他在谈恋爱的细节上“帮忙出出主意”。

社会工作系安排新一届团学干部赴东校与大一各班学生干部进行交流，主要交流形式为座谈和团队建设，并对“朋辈计划”进行了充分的讨论和交流。青少系以“最想对大一新生说的一句话”为主题开展新老生交流会（包括学习、工作、生活等方面）；以“青少系特色活动”介绍为主题开展青少系系部文化建设的教育与宣传；聘请优秀毕业生与大一新生交流如何做好自己的职业生涯规划等。泰尔弗分院配合学生处就业指导中心，协调中外双方共同努力，举办专门招聘会，邀请数十家单位参加招聘，在不同阶段为同学推荐面试和实习机会，使他们在校期间就能懂得一些社会规范和职业要求，尽量缩短他们由学生到职业人的转变时间，为他们成为具备良好道德素养、基本职业技能和人文情怀的社会人做好了充分准备。传播系发挥学生主观能动性，让新生尽快适应大学生活，尽快熟悉本专业，养成热爱班集体的团队意识，做好初步职业规划。在学期开始，挖掘属于传播系的典型模范示范新星，从学生中来到学生中去，以口口相传的方式传播正能量，在学风建设月初期便掌控学风方向。艺术系开展“寓思想教育于艺术教育之中”的活动，结合艺术专业学生的特点，举办“放飞梦想奔前程”作品展，参加“用创意描绘梦想”大赛，组织参加反腐倡廉展和党风廉政作品征集活动，并荣获优秀组织奖；参加北京高校首届“倡廉政、扬清风”招贴创意设计大赛活动，获一等奖。

二、"树人计划"提高了学生的人文素养

"树人计划"依托校园文化和学生工作组织，倡导"爱国、敬业、诚信、友善"社会主义核心价值观，注重学生人文素养的提高。在学院"树人计划"的培养下，一大批品学兼优的学生脱颖而出，成为"学子榜样"，也为学院的育人工作画上了浓墨重彩的一笔。

学院及各系（分院）积极组织学生开展社会实践，11 个学生党支部与基层党支部开展红色 1 +1 支部共建活动，支援基层建设。2012 年法律系学生党支部获北京市红色 1 +1 活动三等奖。2013 年学院 5 名学生荣获北京市"挑战杯"比赛三等奖。2012 年学院 1500 余名学生参加各级各类职业技能竞赛，取得突破性成绩：2012 年北京市高等职业院校技能大赛共有会计技能等 23 个项目，来自 24 所院校的 200 余支参赛队参加了比赛。学院学生共获得一等奖 2 项、二等奖 2 项、三等奖 4 项；其中，代表北京市参加全国职业院校技能大赛 3 队，获得二等奖 1 项，三等奖 2 项。选派代表参加"北京市高职技能大赛英语口语竞赛"，获得二等奖 2 项；社工系学生首次参加"第三届全国职业院校民政职业技能大赛"，获得三等奖 1 项。2013 年 1 ~7 月，学院共派出 25 支代表队，66 名选手共参加北京市高职院校技能大赛的 11 类竞赛项目，最终有 7 支队伍入围全国职业院校技能大赛。

特别值得一提的是，2010 年北京青年政治学院"三生教育"工作获得《北京高等学校党的建设和思想政治工作优秀成果奖》。通过持续的"三生教育"，学生获得了有关生命、生存、生活的知识和技能，更加热爱社会，热爱生命，有感恩之心，有奉献之志；增强了学生团队的集体意识，加强了团队的凝聚力，学会了合作，学会了与人友好相处；强化了"热爱生命"的意识，学会生活，渴望学会生存技能的愿望愈加强烈；使大学生理解了生命的意义，领略生命的真谛，需要生命意义的自我创新；帮助大学生了解了生活

的常识，掌握了一些基本的生存技能，帮助大学生提高了生活生存的能力；增强了学生安全意识和能力，通过用电安全、交通安全、饮食安全、个人防患等教育，大学生自我防护意识大大增强，形成了较强的安全意识，掌握了个人和集体的安全知识和技能；个人生活能力大大增强，学生宿舍整体状况有了较大改观，优秀宿舍逐月增加，宿舍卫生明显改善，学生逐渐养成良好的学习习惯、生活习惯、与人相处的方式，自我管理日常生活的能力得到增强。泰尔弗分院“三生”教育的特色是军训及野外生存与自救互救训练，大一新生认真参与，使同学们树立了吃苦耐劳、拼搏向上的精神风貌。

在“树人计划”开展过程中涌现出一批先进学生模范典型人物。法律系2013届毕业生杨春杰，以高出河南省二本线的成绩考入我校。入校之后，法律系在学院的支持下有意识地从专业学习、社会工作、技能大赛等方面加大对她的培养力度，杨春杰同学也不负众望，学习优异，获得国家励志奖学金、国家奖学金、首都大学生“学子阳光”奖学金；多次参加各级各类比赛，获得2013年北京高校“我的梦·中国梦”演讲比赛三等奖；在社会实践方面，积极从事志愿服务，在毛主席纪念堂做志愿者，为经济困难老人进行法律援助等；在首都大学生新世纪英才学校学习期间，去延安革命老区做社会实践，去西安空军工程大学、西安交通大学交流学习；在团中央的领导下赴韩国参加第六届中日韩三国青年友好会见活动。杨春杰本人荣获2013届市级优秀毕业生和2013年学院优秀共产党员称号，升入北京联合大学法律系就读本科。文秘系2013届毕业生张荻曾在学院广播站20周年站庆、中俄文化交流活动汇演等活动中进行舞蹈表演，大学期间荣获北京市优秀团干部、北京市优秀毕业生、院级奖学金、优秀学生干部等荣誉。社会工作系以新生入学教育和学风建设为工作主线，面向全体学生；重点为学习动力和学习能力的提升，主要在学风建设。该系2013届毕业生佟璐学习成绩优异，担任院学生会体育部副部长、院团委组织部部长期间，成功组织开展多项活动，受到老师同学的肯定，先后荣获院级优秀学生干部、北京市优秀团员、院级奖学金以及北京市优秀毕业生等多项荣誉。青少系2011级学生侯晨辉以二本线的成绩考入我校，学习认真刻苦，品学兼优，荣获国家励志奖学金、优秀团员、学习标兵等称号，参加学院多项比赛获一等奖，目前为中共预备党员。

三、“卓越计划”培养了学生的社会责任感

“卓越计划”依托社会实践活动，注重学生社会责任感的培养，是“坚持育人为本、德育为先”原则的具体举措，是高职素质教育的组成部分。高职的“高”不仅体现有一技之长，更应该体现在“政治素质高”、“综合能力强”、“社会责任感更强”。学院根据社会需求，开展志愿支教、节日游园服务、博物馆讲解、国际艾滋病活动日、儿童基金会慈善志愿活动等一系列专项志愿活动；结合专业建设，推出“社会工作实务上门”、“法律事务咨询”、“便民服务站”、“社区文化活动组织与策划”及“社区焦点问题调查”等针对城市社区的长年志愿服务活动计划；建立共建基地，推出党支部“红色1+1”，团支部“与打工子弟学校共建”，“与新媒体组织共建”、“警学共建”等，把志愿服务活动与创业就业结合起来，植根于北京的相关行业、各个领域。艺术系“红色1+1”支教活动，以学生党员和积极分子为主组成的志愿服务团队，与金盏乡党支部、东园子幼儿园的共建支教活动，为关心留守儿童，关注他们成长学习共同开展的活动。支教之前，志愿者们认真准备，精心写教案、制作教具等；在课上耐心细致的教孩子们唱歌、画画，给孩子们讲故事，课外一起做游戏等。

社会工作系大力开展志愿者服务及社会实践，组织学生党支部开展红色“1+1”活动，参加民和社会工作事务所在高家园小区开展的四点半课堂活动，参加望京街道办事处举办的“九九重阳节”活动，为朝阳区馨兰之家老年公寓奉献自编自演的精彩文艺节目，与学院退休办联合举办退休教职工元旦喜乐会。青少系开展“写给妈妈的一封信”活动，进行感恩教育活动，培养学生感恩意识；参

与西城区“西单城管志愿服务”项目、每周三的东城区“织染局小学支教”项目、“阳光青少，高考减压”活动、望京街道“朝阳伴夕阳”助老陪伴项目、红色“1+1”活动、“心系七彩梦 感恩志愿情”、“美丽北京 创新之旅”、“拒绝中国式过马路”、“母亲，您辛苦了”、“阳光成长·东城共青团关爱农民工子女”、“小手拉小手 教师节献爱心”公益义卖活动、“红丝带”健康包等十几项志愿者服务项目。传播系号召同学们参与无偿献血工作，共计表扬28人次，获得社会各界的高度评价；根据每月的主题活动开展相应主题的志愿服务；号召同学走进身边社区，发挥自己的专业特长为社区建立网站、拍摄社区生活视频等。艺术系成立电影博物馆志愿服务基地，以一年级学生为主体，通过对志愿活动的展示以及学生个人谈体会和收获等，积极引导新生利用寒暑假、节假日、双休日积极参与志愿服务，使他们在活动中，体验服务他人，学会与他人沟通、为他人着想，提高主动参与意识，增强集体意识和团队合作意识。平均每周去两次，每次3~5人，每次的工作时长为8小时，逢节假日增加志愿人数，半年累计服务时长1300小时，服务次数160次，学生们的真诚服务和辛勤工作，得到了参观者的赞许和电影博物馆领导的一致好评，年终在中国电影博物馆举办的2013年中国电影博物馆志愿者服务总结交流会上，25名同学荣获“优秀志愿者”称号，荣获中国电影博物馆颁发的“志愿者工作优秀协作奖”。同时，艺术系成立“魅力校园”志愿服务基地，以二、三年级学生为主，在志愿活动中强化责任意识和服务社会意识，促进大学生将自身发展与社会发展、个人理想和社会愿景紧密结合，同时锻炼学生的管理能力和组织能力，提高综合素质，培养担当和成就意识。在“魅力校园——欢动北京”国际青少年文化艺术交流周大型活动中，为来自7个国家的优秀青少年艺术团及中国代表团提供了优质志愿服务，为学院赢得“优秀志愿者先进单位”荣誉称号，2名老师被评为“优秀组织者”，9名同学被评为“优秀志愿者”；在“魅力校园”小荷风采的志愿服务活动中荣获“特别贡献奖”，

14名同学被评为"优秀志愿者"。管理系从2005年开始，已连续多年组织开展松堂临终关怀医院志愿服务团队活动，受到社会广泛好评。参加志愿者活动的同学们表示，"在志愿服务社会实践活动中，我们学到了许许多多在学校里学不到的东西，学会了替他人着想，学会了忍耐、提高了独立解决问题的能力，增强了自信心，也为今后找工作打下很好的基础……总而言之，这样的活动，使我们终身受益！"

四、"帮扶计划"为学生成才插上腾飞翅膀

"帮扶计划"围绕"不放弃一个学生"的目标，按照"一人一策、一人一组"的原则，建立学校范围的帮扶体系，帮助那些在经济、身心、学习和纪律等方面有困难有问题的学生。"帮扶计划"的实施使诸多学生从中受益，使他们摆脱了来自经济、身心、生活和学习等多方面的束缚，从而为他们的成长成才插上了翅膀，让他们能够在学业和事业上飞得更高更远。

（一）建立学生资助体系，为学生解决后顾之忧

学院建立了一整套"奖、助、贷、勤、补、免"六位一体、多种形式有机结合的资助体系，实现了从入学前到毕业后的全程资助。三年来，资助金额从2010年的330多万元提高到2012年的370多万元，受助学生面达到60%以上。经济上的困难解决了，学生才能更安心地学习，更专注于自身的成长和发展。社会工作系的工作主线是每年贫困生认定、帮扶等工作，面向全体学生；重点为特殊困难的学生，采用个别化方式居多。传播系共有贫困生100人，约占传播系在校生的1/3，传播系开展形式多样的扶贫济困活动，包括每年一度的东校区元旦晚会、中秋茶话会、过年回家返乡问候等活动，让贫困生能感受到学校及系部的关怀。传播系影视制作2013届毕业生崔松松刚入学时并不出众，而且家庭经济困难。为帮助他勤工俭学，系里每次有外出拍片、制作节目的机会都带上他。很快老师们发现，这个小伙子在多媒体视频制作方面颇有天

赋。于是，系里的专业老师为他提供课外指导，专业机器也都向他开放，崔松松获得了更多动手实践的机会。学院对他的帮扶很快有了成果：他以外地学生在北京生活、心理状态为主题制作的视频《北青相对谈》，获得了第五届国家示范高职成果展示会“备受关注案例奖”；在中国网络电视台“校园新闻联播片头”的有奖征集中，他的作品获得三等奖。2013 年毕业的崔松松已经“专升本”，已经升入北京联合大学新闻与传播系就读。

（二）辅导员进宿舍，打造帮扶计划基地

辅导员进宿舍是“帮扶计划”的重要组成部分，辅导员以学生宿舍为载体，通过深度辅导的方式，加大与学生的沟通力度和频度，取得了良好的效果。管理系一名学生入学后出现了比较严重的抑郁症状。医院确诊后，院系领导共同制定了帮扶方案：辅导员每天至少到宿舍与他沟通一次；同宿舍的 6 名舍友时刻关心着他，主动找他聊天、约他一起上自习或运动。住在这间宿舍的系学生生活部部长和辅导员一道，随时可以就他的问题与系总支书记保持联络。利用他文笔出众的特点，院系领导积极帮他联系校刊和社会刊物。一年多下来，该生和系学生生活部部长结下了深厚的友谊。前来探望的该生的父母惊讶地发现，儿子不仅病情稳定了，而且“话比以前多了，跟辅导员和舍友说的话比跟我们都多，学校真是成了他的第二个家了”。该生的情况只是辅导员进宿舍制度成效的一个缩影，其实这一制度优势不仅体现在对危机情况的处理，还体现在对学生潜在问题的预防。辅导员带着目标进宿舍、带着问题进宿舍、带着爱心进宿舍，通过与学生沟通交流，及时发现问题、解决问题，润物细无声地对学生身心和学习等方方面面进行帮扶。

（三）开展阳光心理系列活动，促进学生身心健康

青少系依托两位心理学博士，积极开展青少系阳光心理系列活动（包括困难学生帮扶活动、经济资助与精神“扶贫”相结合活动、鼓励贫困生参与校内外勤工俭学等），班与班之间结对子、宿

舍与宿舍之间、学生与学生之间结对子，开展帮扶工作。泰尔弗分院阳光心理活动也是“帮扶计划”的重要组成部分，泰尔弗分院在各个班级中设立心理委员，参加学院的各种心理咨询培训，密切关注同学们的心理情况，针对一年级新生中出现的问题，及时发现并解决，同时配合学院心理教研室的工作，做好学生心理情况的筛查工作。

总的来说，“体系”实施以来，各单位贯彻实施方面积极主动、特色鲜明，我院的育人工作成效显著。学生工作干部将“体系”的精神和要求贯彻到教育教学实践的方方面面，同时，又不断地总结经验教训、深化对“体系”的理解和认识、丰富“体系”的内涵，用于指导新的育人实践，形成了“体系指导实践，实践完善体系”的良性发展模式。我院“基于年级特点、构建三年一贯制高职学生教育培养体系”还正处于不断探索的阶段，需要各单位齐心协力、不懈努力、勇于实践、开拓创新，不断深化认识、强化落实，以更饱满的热情和更积极的实践把“体系”建立得更科学、更丰富、更完善。

附　　录

中共中央国务院关于进一步加强和改进大学生思想政治教育的意见

中发〔2004〕16号

为深入贯彻党的十六大精神，适应新形势、新任务的要求，提高大学生的思想政治素质，促进大学生的全面发展，现就进一步加强和改进大学生思想政治教育提出以下意见。

一、加强和改进大学生思想政治教育是一项重大而紧迫的战略任务

1. 大学生是十分宝贵的人才资源，是民族的希望，是祖国的未来。目前，我国在校大学生包括本科生、专科生和研究生约有2000万。加强和改进大学生思想政治教育，提高他们的思想政治素质，把他们培养成中国特色社会主义事业的建设者和接班人，对于全面实施科教兴国和人才强国战略，确保我国在激烈的国际竞争中始终立于不败之地，确保实现全面建设小康社会、加快推进社会主义现代化的宏伟目标，确保中国特色社会主义事业兴旺发达、后继有人，具有重大而深远的战略意义。

2. 改革开放特别是党的十三届四中全会以来，党中央坚持“两手抓、两手都要硬”的方针，切实加强和改进对大学生思想政

治教育工作的领导。各地区各部门和高等学校认真贯彻落实中央要求，加强和改进思想政治教育工作，在培养高素质人才，推动高等教育改革发展，维护学校和社会稳定等方面发挥了重要作用。当代大学生思想政治状况的主流积极、健康、向上。他们热爱党，热爱祖国，热爱社会主义，坚决拥护党的路线方针政策，高度认同邓小平理论和"三个代表"重要思想，充分信赖以胡锦涛同志为总书记的党中央，对坚持走中国特色社会主义道路、实现全面建设小康社会的宏伟目标充满信心。

3. 国际国内形势的深刻变化，使大学生思想政治教育既面临有利条件，也面临严峻挑战。国际敌对势力与我争夺下一代的斗争更加尖锐复杂，大学生面临着大量西方文化思潮和价值观念的冲击，某些腐朽没落的生活方式对大学生的影响不可低估。随着对外开放不断扩大、社会主义市场经济的深入发展，我国社会经济成分、组织形式、就业方式、利益关系和分配方式日益多样化，人们思想活动的独立性、选择性、多变性和差异性日益增强。这有利于大学生树立自强意识、创新意识、成才意识、创业意识，同时也带来一些不容忽视的负面影响。一些大学生不同程度地存在政治信仰迷茫、理想信念模糊、价值取向扭曲、诚信意识淡薄、社会责任感缺乏、艰苦奋斗精神淡化、团结协作观念较差、心理素质欠佳等问题。

4. 面对新形势新情况，大学生思想政治教育工作还不够适应，存在不少薄弱环节。一些地方、部门和学校的领导对大学生思想政治教育工作重视不够，办法不多。全社会关心支持大学生思想政治教育的合力尚未形成。学校思想政治理论课实效性不强，哲学社会科学一些学科教材建设滞后，思想政治教育与大学生思想实际结合不紧，少数学校没有把大学生的思想政治教育摆在首位、贯穿于教育教学的全过程。学生管理工作与形势发展要求不相适应，思想政治教育工作队伍建设亟待加强，少数教师不能做到教书育人、为人师表。加强和改进大学生思想政治教育是一项极为紧迫的重要任务。

二、加强和改进大学生思想政治教育的指导思想和基本原则

5. 加强和改进大学生思想政治教育的指导思想是：坚持以马克思列宁主义、毛泽东思想、邓小平理论和“三个代表”重要思想为指导，深入贯彻党的十六大精神，全面落实党的教育方针，紧密结合全面建设小康社会的实际，以理想信念教育为核心，以爱国主义教育为重点，以思想道德建设为基础，以大学生全面发展为目标，解放思想、实事求是、与时俱进，坚持以人为本，贴近实际、贴近生活、贴近学生，努力提高思想政治教育的针对性、实效性和吸引力、感染力，培养德智体美全面发展的社会主义合格建设者和可靠接班人。

6. 加强和改进大学生思想政治教育的基本原则是：（1）坚持教书与育人相结合。学校教育要坚持育人为本、德育为先，把人才培养作为根本任务，把思想政治教育摆在首要位置。（2）坚持学校教育与自我教育相结合。既要充分发挥学校教师、党团组织的教育引导作用，又要充分调动大学生的积极性和主动性，引导他们自我教育、自我管理、自我服务。（3）坚持政治理论教育与社会实践相结合。既重视课堂教育，又注重引导大学生深入社会、了解社会、服务社会。（4）坚持解决思想问题与解决实际问题相结合。既讲道理又办实事，既以理服人又以情感人，增强思想政治教育的实际效果。（5）坚持教育与管理相结合。把思想政治教育融于学校管理之中，建立长效工作机制，使自律与他律、激励与约束有机地结合起来，有效地引导大学生的思想和行为。（6）坚持继承优良传统与改进创新相结合。在继承党的思想政治工作优良传统的基础上，积极探索新形势下大学生思想政治教育的新途径、新办法，努力体现时代性，把握规律性，富于创造性，增强实效性。

三、加强和改进大学生思想政治教育的主要任务

7. 以理想信念教育为核心，深入进行树立正确的世界观、人生观和价值观教育。要坚持不懈地用马克思列宁主义、毛泽东思想、邓小平理论和“三个代表”重要思想武装大学生，深入开展党的基本理论、基本路线、基本纲领和基本经验教育，开展中国革命、建设和改革开放的历史教育，开展基本国情和形势政策教育，开展科学发展观教育，使大学生正确认识社会发展规律，认识国家的前途命运，认识自己的社会责任，确立在中国共产党领导下走中国特色社会主义道路、实现中华民族伟大复兴的共同理想和坚定信念。同时，要积极引导大学生不断追求更高的目标，使他们中的先进分子树立共产主义的远大理想，确立马克思主义的坚定信念。

8. 以爱国主义教育为重点，深入进行弘扬和培育民族精神教育。深入开展中华民族优良传统和中国革命传统教育，开展各民族平等团结教育，培养团结统一、爱好和平、勤劳勇敢、自强不息的精神，树立民族自尊心、自信心和自豪感。要把民族精神教育与以改革创新为核心的时代精神教育结合起来，引导大学生在中国特色社会主义事业的伟大实践中，在时代和社会的发展进步中汲取营养，培养爱国情怀、改革精神和创新能力，始终保持艰苦奋斗的作风和昂扬向上的精神状态。

9. 以基本道德规范为基础，深入进行公民道德教育。要认真贯彻《公民道德建设实施纲要》，以为人民服务为核心、以集体主义为原则、以诚实守信为重点，广泛开展社会公德、职业道德和家庭美德教育，引导大学生自觉遵守爱国守法、明礼诚信、团结友善、勤俭自强、敬业奉献的基本道德规范。坚持知行统一，积极开展道德实践活动，把道德实践活动融入大学生学习生活之中。修订完善大学生行为准则，引导大学生从身边的事情做起，从具体的事情做起，着力培养良好的道德品质和文明行为。

10. 以大学生全面发展为目标，深入进行素质教育。加强民主

法制教育，增强遵纪守法观念。加强人文素质和科学精神教育，加强集体主义和团结合作精神教育，促进大学生思想道德素质、科学文化素质和健康素质协调发展，引导大学生勤于学习、善于创造、甘于奉献，成为有理想、有道德、有文化、有纪律的社会主义新人。

四、充分发挥课堂教学在大学生思想政治教育中的主导作用

11. 高等学校思想政治理论课是大学生思想政治教育的主渠道。

思想政治理论课是大学生的必修课，是帮助大学生树立正确世界观、人生观、价值观的重要途径，体现了社会主义大学的本质要求。要按照充分体现当代马克思主义最新成果的要求，全面加强思想政治理论课的学科建设、课程建设、教材建设和教师队伍建设，进一步推动邓小平理论和“三个代表”重要思想进教材、进课堂、进大学生头脑工作。要联系改革开放和社会主义现代化建设的实际，联系大学生的思想实际，把传授知识与思想教育结合起来，把系统教学与专题教育结合起来，把理论武装与实践育人结合起来，切实改革教学内容，改进教学方法，改善教学手段。要加强对思想政治理论课的宏观指导，采取有力措施，力争在几年内使思想政治理论课教育教学情况有明显改善。

12. 形势政策教育是思想政治教育的重要内容和途径。要建立大学生形势政策报告会制度，定期编写形势政策教育宣讲提纲，建立形势政策教育资源库。国家机关和地方党政负责人要经常为大学生作形势报告。学校要紧密结合国际国内形势变化和学生关注的热点难点问题，制定形势政策教育教学计划，认真组织实施。

13. 高等学校哲学社会科学课程负有思想政治教育的重要职责。哲学社会科学中的绝大部分学科都具有鲜明的意识形态属性，对于帮助大学生坚定正确的政治方向，正确认识和分析复杂的社会现象，提高思想道德修养和精神境界具有重要作用。要坚持和巩固

马克思主义在意识形态领域的指导地位，在哲学社会科学教学中充分体现马克思主义中国化的最新理论成果，用科学理论武装大学生，用优秀文化培育大学生。要发扬理论联系实际的优良学风，发挥哲学社会科学的优势，紧密围绕大学生普遍关心的、改革开放和现代化建设中的重大问题，做好释疑解惑和教育引导工作。

要结合实施马克思主义理论研究和建设工程，精心组织编写全面反映毛泽东思想、邓小平理论和“三个代表”重要思想的哲学、政治经济学、科学社会主义、中共党史以及政治学、社会学、法学、史学、新闻学和文学等哲学社会科学重点学科的教材，努力形成以当代中国马克思主义为指导的具有中国特色、中国风格、中国气派的哲学社会科学学科体系和教材体系。

14. 高等学校各门课程都具有育人功能，所有教师都负有育人职责。广大教师要以高度负责的态度，率先垂范、言传身教，以良好的思想、道德、品质和人格给大学生以潜移默化的影响。要把思想政治教育融入到大学生专业学习的各个环节，渗透到教学、科研和社会服务各个方面。要深入发掘各类课程的思想政治教育资源，在传授专业知识过程中加强思想政治教育，使学生在学习科学文化知识过程中，自觉加强思想道德修养，提高政治觉悟。要坚持学术研究无禁区、课堂讲授有纪律，严格教育教学纪律，切实加强教材管理，在讲台上和教材中不得散布违背宪法和党的路线方针政策的错误观点和言论。

五、努力拓展新形势下大学生思想政治教育的有效途径

15. 深入开展社会实践。社会实践是大学生思想政治教育的重要环节，对于促进大学生了解社会、了解国情，增长才干、奉献社会，锻炼毅力、培养品格，增强社会责任感具有不可替代的作用。要建立大学生社会实践保障体系，探索实践育人的长效机制，引导大学生走出校门，到基层去，到工农群众中去。高等学校要把社会

实践纳入学校教育教学总体规划和教学大纲，规定学时和学分，提供必要经费。积极探索和建立社会实践与专业学习相结合、与服务社会相结合、与勤工助学相结合、与择业就业相结合、与创新创业相结合的管理体制，增强社会实践活动的效果，培养大学生的劳动观念和职业道德。要认真组织大学生参加军政训练。利用好寒暑假，开展形式多样的社会实践活动。积极组织大学生参加社会调查、生产劳动、志愿服务、公益活动、科技发明和勤工助学等社会实践活动。重视社会实践基地建设，不断丰富社会实践的内容和形式，提高社会实践的质量和效果，使大学生在社会实践活动中受教育、长才干、作贡献，增强社会责任感。

16. 大力建设校园文化。校园文化具有重要的育人功能，要建设体现社会主义特点、时代特征和学校特色的校园文化，形成优良的校风、教风和学风。大力加强大学生文化素质教育，开展丰富多彩、积极向上的学术、科技、体育、艺术和娱乐活动，把德育与智育、体育、美育有机结合起来，寓教育于文化活动之中。要善于结合传统节庆日、重大事件和开学典礼、毕业典礼等，开展特色鲜明、吸引力强的主题教育活动。重视校园人文环境和自然环境建设，完善校园文化活动设施，建设好大学生活动中心。加强校报、校刊、校内广播电视和学校出版社的建设，加强哲学社会科学研讨会、报告会、讲座的管理，绝不给错误观点和言论提供传播渠道。坚决抵制各种有害文化和腐朽生活方式对大学生的侵蚀和影响。禁止在学校传播宗教。

17. 主动占领网络思想政治教育新阵地。要全面加强校园网的建设，使网络成为弘扬主旋律、开展思想政治教育的重要手段。要利用校园网为大学生学习生活提供服务，对大学生进行教育和引导，不断拓展大学生思想政治教育的渠道和空间。要建设好融思想性、知识性、趣味性、服务性于一体的主题教育网站或网页，积极开展生动活泼的网络思想政治教育活动，形成网上网下思想政治教育的合力。要密切关注网上动态，了解大学生思想状况，加强同大学生的沟通与交流，及时回答和解决大学生提出的问题。要运用技术、行政和法律手段，加强校园网的管理，严防各种有害信息在网上传播。加强网络思想政治教育队伍建设，形成网络思想政治教育工作体系，牢牢把握网络思想政治教育主动权。

18. 开展深入细致的思想政治工作和心理健康教育。要结合大学生实际，广泛深入开展谈心活动，有针对性地帮助大学生处理好学习成才、择业交友、健康生活等方面的具体问题，提高思想认识和精神境界。要重视心理健康教育，根据大学生的身心发展特点和教育规律，注重培养大学生良好的心理品质和自尊、自爱、自律、自强的优良品格，增强大学生克服困难、经受考验、承受挫折的能力。要制定大学生心理健康教育计划，确定相应的教育内容、教育方法。要建立健全心理健康教育和咨询的专门机构，配备足够数量的专兼职心理健康教育教师，积极开展大学生心理健康教育和心理咨询辅导，引导大学生健康成长。

19. 努力解决大学生的实际问题。思想政治教育既要育人、引导人，又要关心人、帮助人。高等学校要从严治教，加强管理，改善办学条件，提高教育教学质量，为大学生成长成才创造条件。要加强对经济困难大学生的资助工作，以政府投入为主，多方筹措资金，不断完善资助政策和措施，形成以国家助学贷款为主体，包括助学奖学金、勤工助学基金、特殊困难补助和学费减免在内的助学体系，帮助经济困难大学生完成学业。要帮助大学生树立正确的就业观念，引导毕业生到基层、到西部、到祖国最需要的地方建功立业。要进一步建立健全大学生就业指导机构和就业信息服务系统，提供高效优质的就业创业服务。通过服务育人、管理育人，把党和政府对大学生的关怀落到实处。

六、充分发挥党团组织在大学生思想政治教育中的重要作用

20. 发挥党的政治优势和组织优势，做好大学生思想政治教育

工作。高等学校党组织要高度重视学生党员发展工作，坚持标准，保证质量，把优秀大学生吸纳到党的队伍中来。对入党积极分子要注重早期培养，加强制度建设，严格发展程序，进行系统的党的知识教育和实践锻炼。对大学生党员要加强党员先进性教育，使他们严格要求自己，提高党性修养，充分发挥在大学生思想政治教育中的骨干带头作用和先锋模范作用。要坚持把党支部建在班上，努力实现本科学生班级“低年级有党员、高年级有党支部”的目标。创新学生党支部活动方式，丰富活动内容，增强凝聚力和战斗力，使其成为开展思想政治教育的坚强堡垒。高度重视研究生党组织建设，切实加强研究生思想政治教育。

21. 发挥共青团和学生组织作用，推进大学生思想政治教育。共青团是党领导下的先进青年的群众组织，是党的助手和后备军，在大学生思想政治教育中具有重要作用。高等学校团组织要把加强大学生思想政治教育工作摆在突出位置，充分发挥在教育、团结和联系大学生方面的优势，竭诚为大学生的成长成才服务。要全面实施大学生素质拓展计划，组织开展丰富多彩的思想政治教育活动。要加强对优秀团员的培养，认真做好推荐优秀共青团员入党工作。要坚持党建带团建，把加强团的建设作为高等学校党建的重要任务。要切实加强团的组织建设，选拔优秀青年党员教师做团的工作，保证高校共青团组织机构设置和人员配备。要把团干部作为思想政治教育工作队伍的重要组成部分，做好培养、锻炼和输送工作。高等学校学生会、研究生会是党领导下的大学生群众组织，是加强和改进大学生思想政治教育的重要依靠力量，也是大学生自我教育的组织者。学生会、研究生会要自觉接受党的领导，在共青团指导下，针对大学生特点，开展生动有效的思想政治教育活动，把广大学生紧密团结在党的周围，在大学生思想政治教育中更好地发挥桥梁和纽带作用。

22. 依托班级、社团等组织形式，开展大学生思想政治教育。班级是大学生的基本组织形式，是大学生自我教育、自我管理、自我服务的主要组织载体。要着力加强班级集体建设，组织开展丰富多彩的主题班会等活动，发挥团结学生、组织学生、教育学生的职能。要加强对大学生社团的领导和管理，帮助大学生社团选聘指导教师，支持和引导大学生社团自主开展活动。要高度重视大学生生活社区、学生公寓、网络虚拟群体等新型大学生组织的思想政治教育工作，选拔大学生骨干参与学生公寓、网络的教育管理，发挥大学生自身的积极性和主动性，增强教育效果。

七、大力加强大学生思想政治教育工作队伍建设

23. 思想政治教育工作队伍是加强和改进大学生思想政治教育的组织保证。大学生思想政治教育工作队伍主体包括学校党政干部和共青团干部、思想政治理论课和哲学社会科学课教师、辅导员和班主任。学校党政干部和共青团干部负责学生思想政治教育的组织、协调、实施；思想政治理论和哲学社会科学课教师根据学科和课程的内容、特点，负责对学生进行思想理论教育、思想品德教育和人文素质教育；辅导员、班主任是大学生思想政治教育的骨干力量，辅导员按照党委的部署有针对性地开展思想政治教育活动，班主任负有在思想、学习和生活等方面指导学生的职责。要采取切实措施，培养一批坚持以马克思主义为指导，理论功底扎实，勇于开拓创新，善于联系实际，老中青相结合的哲学社会科学学科带头人和教学骨干队伍，使他们在大学生思想政治教育中发挥更大的作用。所有从事大学生思想政治教育的人员，都要坚持正确的政治方向，加强思想道德修养，增强社会责任感，成为大学生健康成长的指导者和引路人。在事关政治原则、政治立场和政治方向问题上不能与党中央保持一致的，不得从事大学生思想政治教育工作。

广大教职员工都负有对大学生进行思想政治教育的重要责任。要制定完善有关规定和政策，明确职责任务和考核办法，形成教书育人、管理育人、服务育人的良好氛围和工作格局。教师要提高师德和业务水平，爱岗敬业，教书育人，为人师表，以良好的思想政

治素质和道德风范影响和教育学生。学校管理工作要体现育人导向，把严格日常管理与引导大学生遵纪守法、养成良好行为习惯结合起来。后勤服务人员要努力搞好后勤保障，为大学生办实事办好事，使大学生在优质服务中受到感染和教育。

24. 完善大学生思想政治教育工作队伍的选拔、培养和管理机制。按照政治强、业务精、纪律严、作风正的要求，坚持专兼结合的原则，研究和制定加强高校思想政治教育工作队伍建设的具体意见，吸引更多的优秀教师从事学生思想政治教育工作。要加强思想政治教育学科建设，培养思想政治教育工作专门人才。实施大学生思想政治教育队伍人才培养工程，建立思想政治教育人才培养基地。选拔推荐一批从事思想政治教育的骨干进一步深造，攻读思想政治教育相关专业的硕士、博士学位，学成后专职从事思想政治教育工作。采取有效措施，组织参加社会实践、挂职锻炼、学习考察等活动，不断提高他们的工作能力和水平。要建立完善大学生思想政治教育专职队伍的激励和保障机制。完善思想政治教育队伍的专业职务系列，从思想政治教育专职队伍的实际出发，解决好他们的教师职务聘任问题，鼓励支持他们安心本职工作，成为思想政治教育方面的专家。建立专项评优奖励制度，定期评比表彰思想政治教育工作先进集体和个人，树立、宣传、推广一批先进典型。

要采取有力措施，着力建设一支高水平的辅导员、班主任队伍。院（系）的每个年级都要按适当比例配备一定数量的专职辅导员，每个班级都要配备一名兼职班主任，鼓励优秀教师兼任班主任工作。辅导员、班主任工作在大学生思想政治教育第一线，任务繁重，责任重大，学校要从政治上、工作上、生活上关心他们，在政策和待遇方面给予适当倾斜。

八、努力营造大学生思想政治教育工作的良好社会环境

25. 全社会都要关心大学生的健康成长，支持大学生思想政治

教育工作。宣传、理论、新闻、文艺、出版等方面要坚持弘扬主旋律，为大学生思想政治教育营造良好的社会舆论氛围，为大学生提供丰富的精神食粮。要坚持以团结稳定鼓劲、正面宣传为主，反映高等学校思想政治教育工作的先进典型和优秀大学生的先进事迹。各类网站要牢牢把握正确导向，主动承担社会责任，积极开发教育资源，开展形式多样的网络思想政治教育活动。重点新闻网站要不断改进创新，切实增强吸引力和感染力，在大学生思想政治教育中发挥导向作用。要大力发展文化事业和文化产业，为学生提供更多更好的文化产品和文化服务。文化部门和艺术团体要进一步推进高雅文化进校园活动，丰富校园文化生活，提高学生艺术修养。充分发挥爱国主义教育基地对大学生的教育作用，各类博物馆、纪念馆、展览馆、烈士陵园等爱国主义教育基地，对大学生集体参观一律实行免票。各级政府和企事业单位要鼓励和支持面向大学生的公益性文化活动。坚持不懈地开展“扫黄”“打非”，依法加强对各类网站的管理，净化文化市场和网络环境。

26. 各级党委和政府要为高等学校创建良好的育人环境。要把优化校园周边环境作为推进社会主义精神文明建设的重要任务，结合城市改造和社区建设搞好规划，加强综合治理。要依法加强对学校周边的文化、娱乐、商业经营活动的管理，坚决取缔干扰学校正常教学、生活秩序的经营性娱乐活动场所，严厉打击各种刑事犯罪活动，及时处理侵害学生合法权益、身心健康的事件和影响学校、社会稳定的事端。要为大学生专业实习和社会实践创造条件，提供便利。要把高校毕业生就业作为就业工作的重要组成部分，常抓不懈，完善毕业生就业市场机制，健全毕业生就业服务体系，落实毕业生自主创业、灵活就业的各项扶持政策。要动员社会各方力量，完善资助困难大学生的机制，帮助大学生解决实际困难。党政机关、社会团体、企事业单位以及街道、社区、村镇等要主动配合做好大学生思想政治教育工作。学校要探索建立与大学生家庭联系沟通的机制，相互配合对大学生进行思想政治教育。

九、切实加强对大学生思想政治教育工作的领导

27. 各级党委和政府要从战略和全局的高度，充分认识加强和改进大学生思想政治教育的重大意义，把“培养什么人”、“如何培养人”这一重大课题始终摆在重要位置，切实加强领导。要弘扬求真务实精神，及时研究解决涉及大学生健康成长和切身利益的实际问题。制定有关政策和法规，不仅要有利于经济和各项事业的发展，而且要有利于大学生的健康成长。要建立健全党委统一领导、党政群齐抓共管、有关部门各负其责、全社会大力支持的领导体制和工作机制，形成全党全社会共同关心支持大学生思想政治教育的强大合力。教育部要对全国高等学校大学生思想政治教育工作统一规划、组织协调、宏观指导和督促检查。各地负责高校思想政治工作的部门，要切实负起责任。各有关部门要主动配合，共同做好大学生思想政治教育工作。要重视和加强民办高等学校党的建设和大学生的思想政治教育。

28. 高等学校要充分发挥大学生思想政治教育主阵地、主课堂、主渠道作用。要把大学生思想政治教育摆在学校各项工作的首位，贯穿于教育教学的全过程。要建立和完善党委统一领导、党政齐抓共管、专兼职队伍相结合、全校紧密配合、学生自我教育的领导体制和工作机制。高等学校党委要统一领导大学生思想政治教育工作，经常分析大学生思想状况和思想政治教育工作状况，制订思想政治教育的总体规划，对大学生思想政治教育作出全面部署和安排。校长要对大学生德智体美全面发展负责，把思想政治教育与教学、科研、社会服务工作结合起来，同时部署，同时检查，同时评估。学校各部门要明确各自责任，密切协作，切实完成相应任务。学校基层党团组织要认真履行学生思想政治教育的职责，把加强和改进大学生思想政治教育的各项任务真正落到实处。

29. 不断完善大学生思想政治教育的保障机制。要建立健全与法律法规相协调、与高等教育全面发展相衔接、与大学生成长成才

需要相适应的思想政治教育和管理的制度体系。要加大大学生思想政治教育工作的经费投入，教育行政部门和学校要合理确定思想政治教育工作方面的经费投入科目，列入预算，确保各项工作顺利开展。学校要为开展大学生思想政治教育工作提供必要的场所与设备，不断改善条件，优化手段。要把大学生思想政治教育工作作为对高等学校办学质量和水平评估考核的重要指标，纳入高等学校党的建设和教育教学评估体系。

30. 加强大学生思想政治教育科学研究工作。各级宣传和教育行政部门要组织专家学者积极开展科学研究，为加强和改进大学生思想政治教育提供理论支持和决策依据。各地哲学社会科学规划工作领导部门要把大学生思想政治教育重大问题研究列入规划。各级高等学校思想政治教育研究会等学术研究机构和团体要加强自身建设，发挥在大学生思想政治教育科学研究、决策咨询、工作指导等方面的重要作用。

普通高等学校辅导员队伍建设规定

中华人民共和国教育部令第24号

第一章　总　则

第一条　为深入贯彻落实《中共中央国务院关于进一步加强和改进大学生思想政治教育的意见》精神，切实加强高等学校辅导员队伍建设，特制定本规定。

第二条　高等学校应当把辅导员队伍建设作为教师队伍和管理队伍建设的重要内容。加强辅导员队伍建设，应当坚持育人为本、德育为先，促进高等学校改革、发展和稳定，促进培养造就有理想、有道德、有文化、有纪律的社会主义建设者和接班人。

第三条　辅导员是高等学校教师队伍和管理队伍的重要组成部分，具有教师和干部的双重身份。辅导员是开展大学生思想政治教育的骨干力量，是高校学生日常思想政治教育和管理工作的组织者、实施者和指导者。辅导员应当努力成为学生的人生导师和健康成长的知心朋友。

第二章　要求与职责

第四条　辅导员工作的要求是：

（一）认真做好学生日常思想政治教育及服务育人工作，加强学生班级建设和管理；

（二）遵循大学生思想政治教育规律，坚持继承与创新相结合，创造性地开展工作，促进学生健康成长与成才；

（三）主动学习和掌握大学生思想政治教育方面的理论与方法，

不断提高工作技能和水平；

（四）定期开展相关工作调查和研究，分析工作对象和工作条件的变化，及时调整工作思路和方法；

（五）注重运用各种新的工作载体，特别是网络等现代科学技术和手段，努力拓展工作途径，贴近实际、贴近生活、贴近学生，提高工作的针对性和实效性，增强工作的吸引力和感染力。

第五条 辅导员的主要工作职责是：

（一）帮助高校学生树立正确的世界观、人生观、价值观，确立在中国共产党领导下走中国特色社会主义道路、实现中华民族伟大复兴的共同理想和坚定信念。积极引导学生不断追求更高的目标，使他们中的先进分子树立共产主义的远大理想，确立马克思主义的坚定信念；

（二）帮助高校学生养成良好的道德品质，经常性地开展谈心活动，引导学生养成良好的心理品质和自尊、自爱、自律、自强的优良品格，增强学生克服困难、经受考验、承受挫折的能力，有针对性地帮助学生处理好学习成才、择业交友、健康生活等方面的具体问题，提高思想认识和精神境界；

（三）了解和掌握高校学生思想政治状况，针对学生关心的热点、焦点问题，及时进行教育和引导，化解矛盾冲突，参与处理有关突发事件，维护好校园安全和稳定；

（四）落实好对经济困难学生资助的有关工作，组织好高校学生勤工助学，积极帮助经济困难学生完成学业；

（五）积极开展就业指导和服务工作，为学生提供高效优质的就业指导和信息服务，帮助学生树立正确的就业观念；

（六）以班级为基础，以学生为主体，发挥学生班集体在大学生思想政治教育中的组织力量；

（七）组织、协调班主任、思想政治理论课教师和组织员等工作骨干共同做好经常性的思想政治工作，在学生中间开展形式多样的教育活动；

（八）指导学生党支部和班委会建设，做好学生骨干培养工作，激发学生的积极性、主动性。

第三章　配备与选聘

第六条　高等学校总体上要按师生比不低于1∶200的比例设置本、专科生一线专职辅导员岗位。辅导员的配备应专职为主、专兼结合，每个院（系）的每个年级应当设专职辅导员。每个班级都要配备一名兼职班主任。

第七条　高等学校可以根据实际情况按一定比例配备研究生辅导员，从事研究生思想政治教育工作。研究生专业导师在研究生思想政治教育工作方面要担负相应职责。

第八条　辅导员选聘应当坚持如下标准：

（一）政治强、业务精、纪律严、作风正；

（二）具备本科以上学历，德才兼备，乐于奉献，潜心教书育人，热爱大学生思想政治教育事业；

（三）具有相关的学科专业背景，具备较强的组织管理能力和语言、文字表达能力，接受过系统的上岗培训并取得合格证书。

第九条　辅导员选聘工作要在高等学校党委统一领导下，采取组织推荐和公开招聘相结合的方式进行。高等学校组织、人事、学生工作部门和院（系）等相关单位按辅导员任职条件及笔试、面试考核等相关程序具体负责选聘工作。

第十条　新聘任的青年专业教师，原则上要从事一定时间的辅导员、班主任工作。

专职辅导员可兼任学生党支部书记、院（系）团委（团总支）书记等相关职务，并可承担思想道德修养与法律基础、形势政策教育、心理健康教育、就业指导等相关课程的教学工作。

第四章　培养与发展

第十一条　高等学校应结合实际，按各校统一的教师职务岗位结构比例合理设置专职辅导员的相应教师职务岗位。专职辅导员可按助教、讲师、副教授、教授要求评聘思想政治教育学科或其他相关学科的专业技术职务。

第十二条 高等学校应根据辅导员岗位基本职责、任职条件等要求，结合各校实际，制定辅导员评聘教师职务的具体条件，突出其从事学生工作的特点。辅导员评聘教师职务应坚持工作实绩、科学研究能力和研究成果相结合的原则，对于中级以下职务应侧重考察工作实绩。

第十三条 高等学校应成立专职辅导员专业技术职务聘任委员会，具体负责本校专职辅导员专业技术职务聘任工作。

高等学校专职辅导员专业技术职务聘任委员会一般应由有关校领导，学生工作、组织人事、教学科研部门负责人等相关人员组成。

第十四条 高等学校可根据辅导员的任职年限及实际工作表现，确定相应级别的行政待遇，给予相应的倾斜政策。

第十五条 辅导员的培养应纳入高等学校师资培训规划和人才培养计划，享受专任教师培养同等待遇。

第十六条 高等学校应当鼓励、支持辅导员结合大学生思想政治教育的工作实践和思想政治教育学科的发展开展研究。

第十七条 省、自治区、直辖市教育行政部门应当建立辅导员培训和研修基地，承担所在区域内高等学校辅导员的岗前培训、日常培训和骨干培训，对辅导员进行思想政治教育、时事政策、管理学、教育学、社会学和心理学以及就业指导、学生事务管理等方面的专业化辅导与培训，开展与辅导员工作相关的科学研究。

各高校负责对本校辅导员的系统培训。

第十八条 高等学校要积极选拔优秀辅导员参加国内国际交流、考察和进修深造。支持辅导员在做好大学生思想政治教育工作的基础上攻读相关专业学位，鼓励和支持专职辅导员成为思想政治教育工作方面的专门人才。

第十九条 高等学校要积极为辅导员的工作和生活创造便利条件，应根据辅导员的工作特点，在岗位津贴、办公条件、通讯经费等方面制定相关政策，为辅导员的工作和生活提供必要保障。

第二十条 高等学校应把辅导员队伍作为后备干部培养和选拔的重要来源，根据工作需要，向校内管理工作岗位选派或向地方组织部门推荐。

第五章 管理与考核

第二十一条 高等学校辅导员实行学校和院（系）双重领导。高等学校要把辅导员队伍建设放在与学校教学、科研队伍建设同等重要位置，统筹规划，统一领导。

学生工作部门是学校管理辅导员队伍的职能部门，要与院（系）共同做好辅导员管理工作。院（系）要对辅导员进行直接领导和管理。

第二十二条 各高等学校要制定辅导员工作考核的具体办法，健全辅导员队伍的考核体系。对辅导员的考核应由组织人事部门、学生工作部门、院（系）和学生共同参与。考核结果要与辅导员的职务聘任、奖惩、晋级等挂钩。

第二十三条 教育部设立“全国高校优秀辅导员”称号，定期评选表彰优秀辅导员。各地教育部门和高等学校要将优秀辅导员表彰奖励纳入各级教师、教育工作者表彰奖励体系中，按一定比例评选，统一表彰。

第六章 附 则

第二十四条 本规定适用于普通高等学校辅导员队伍建设。其他类型高校的辅导员队伍建设或大学生思想政治教育其他工作队伍建设可参照本规定执行。

第二十五条 各高等学校应根据本规定，结合实际制定相关实施细则，并报相应教育行政部门备案。

第二十六条 本规定自 2006 年 9 月 1 日起施行。其他有关文件规定与本规定不一致的，以本规定为准。

中共北京市委组织部
中共北京市委教育工作委员会
北京市教育委员会
北京市人事局
北京市财政局
北京市劳动和社会保障局

关于加强北京高校辅导员队伍建设的实施意见

（京教工〔2008〕101号）

为贯彻党的十七大精神，落实《中共中央国务院关于进一步加强和改进大学生思想政治教育的意见》（中发〔2004〕16号）和《中共北京市委 北京市人民政府关于进一步加强和改进首都大学生思想政治教育的实施意见》（京发〔2005〕13号），根据中央关于加强辅导员队伍建设的精神，进一步增强辅导员工作的吸引力，以专业化、专家化为方向，以制度、机制建设为保障，建立一支以专职为核心、专兼结合的适应新时期大学生思想政治教育和首都工作要求的高水平辅导员队伍，为培养高素质人才提供强有力的组织保障，结合北京高校实际，特制定本实施意见。

一、加强对高校辅导员队伍建设的领导。辅导员是高等学校教师队伍的重要组成部分，要从培养德智体美全面发展的社会主义事业合格建设者和可靠接班人、加强和改进大学生思想政治教育工作、维护高校稳定的要求出发，把辅导员队伍建设作为全市人才强教工作的重要内容。定期召开北京高校辅导员队伍建设工作会议，研究对策，交流经验，努力使辅导员工作走在全国前列。各高校要贯彻落实中央和市委部署，制定专门工作规划，推动辅导员队伍可持续发展。

二、明确辅导员队伍的构成。辅导员是指在一线直接从事大学生日常思想政治教育工作的人员，包括院系等学校基层单位副处级以下（含副处级）专门从事学生工作的人员。

三、落实辅导员岗位配备要求。贯彻教育部关于辅导员的配备要求，推进学校总体上按照师生比 1∶200 的比例设置辅导员岗位，保证学生达到一定规模的院系、年级配置专职辅导员，学校可结合情况适当选聘优秀在读研究生、部队转业干部、退休教师等从事辅导员工作，优化辅导员队伍结构。

四、实施辅导员上岗准入制度。研究制订北京高校辅导员上岗准入标准，对新上岗辅导员颁发上岗资格证书，逐步实现辅导员持证上岗。各高校要严格按照准入标准，采取组织推荐、公开招聘等形式，择优选拔录用辅导员。

五、实施辅导员工作专业证书制度。学生心理咨询和发展辅导是辅导员工作的基本技能。开展学生心理咨询和发展辅导专业知识与技能培训，鼓励和引导辅导员通过学习培训和考核取得两项专业证书。

六、加强辅导员培训和研究工作。按照每年人均不少于 1000 元的标准设立辅导员专项培训研究经费，组织全市辅导员进行课题研究和骨干示范培训，建立北京高校辅导员网络学习与交流平台。评审出版“北京高校学生工作学术文库”和《北京教育（德育版)》，支持辅导员开展理论与工作研究。学校负责做好本校辅导员的系统培训和研究工作。

七、实施辅导员骨干队伍建设计划。从 2008 年开始，利用 5 年左右时间，通过定向培养、重点资助、访学交流等形式，培养若干名在国内外有影响的专家型辅导员，500 名拥有心理咨询师和发展辅导师资格证书的专业型辅导员，1000 名大学生思想政治教育工作的骨干。

八、推进辅导员工作的专业化建设。充分利用北京高校资源优势，设置学生事务管理的硕士和博士培养方向，鼓励专职辅导员攻读思想政治教育专业、学生事务管理专业的硕士和博士学位。定期选拔优秀辅导员到国外高水平大学进修学习，组织开展国内外学术交流活动，为辅导员工作专业化发展创造条件。

九、完善辅导员工作考核评价体系。根据辅导员岗位要求与特点，按照工作实效与学生评价相结合的原则，建立科学的辅导员工作评价体系。加强辅导员的考核与管理，对连续两年考核不合格的辅导员要通过一定程序予以解聘。

十、提高辅导员工作待遇。设立北京高校辅导员工作岗位补贴。按照每个辅导员岗位每月500元的标准，核增学校的绩效工资总额，由学校对辅导员的工作进行绩效考评并发放。学校要采取配套措施，为辅导员工作生活提供充分保障。

十一、落实辅导员专业技术职务评聘和行政职级晋升的政策。专职辅导员具有教师和干部双重身份，各高校要根据辅导员工作的特点，为辅导员专业技术职务和行政职级发展建立制度保障。要完善辅导员专业技术职务评聘政策，保证辅导员在专业技术职务评聘中具有适合其岗位特点和专业发展的评聘序列。在行政职级晋升方面，本科毕业生聘为辅导员的，在考核合格的前提下，原则上工作两年后定为八级职员，五年后定为七级职员，八年后可定为六级职员；硕士研究生聘为辅导员的，在考核合格的前提下，原则上工作一年后定为八级职员，四年后定为七级职员，七年后可定为六级职员；博士研究生聘为辅导员的，在考核合格的前提下，原则上工作一年后定为七级职员，四年后可定为六级职员。

十二、加强对优秀辅导员的表彰和宣传工作。每两年评选表彰一批北京高校优秀辅导员和十名优秀辅导员标兵。加大对优秀辅导员的宣传，形成全社会关心和支持辅导员工作的有利氛围。

十三、进一步拓展辅导员队伍发展平台。把辅导员队伍作为后备干部培养和选拔的重要来源。建立辅导员在学校与其他部门之间的流动渠道，每年推荐一批优秀辅导员到北京市党政机关和国有企事业单位挂职锻炼。学校要建立从专职辅导员中选拔党政管理干部的长效机制。

十四、加强辅导员工作交流。成立北京高校辅导员工作学会。定期举办北京高校辅导员工作论坛，为全市辅导员工作交流搭建平台，努力提高辅导员工作的整体水平。

十五、加强对辅导员队伍建设的督查指导。把辅导员队伍建设作为“北京普通高等学校党建和思想政治工作基本标准”检查评估的重要内容。定期开展调查研究，及时发现和解决工作中存在的问题。

十六、本意见由市委组织部、市委教育工委、市教委、市人事局、市财政局、市劳动和社会保障局等部门组织实施。

高等学校辅导员职业能力标准（暂行）

（教思政〔2014〕2号）

为进一步加强高校辅导员队伍建设，推动高校辅导员队伍专业化、职业化发展，提升大学生思想政治教育工作质量，特制定本标准。

高校辅导员是履行高等学校学生工作职责的专业人员，要经过系统的培养与培训，具有良好的职业道德，掌握系统的专业知识和专业技能。本标准是国家对合格高校辅导员专业素质的基本要求，是高校辅导员开展学生工作的基本规范，是引领高校辅导员专业化职业化发展的基本准则，是高校辅导员培养、准入、培训、考核等工作的基本依据。

制定和实施本标准，一是为了进一步增强辅导员职业的社会认同，建立辅导员职业相对独立的知识和理论体系，确立辅导员职业概念，提升辅导员职业地位和职业公信力，逐步增强广大师生和全社会对辅导员工作的职业认同；二是为了进一步强化辅导员队伍建设的政策导向，为各级部门推进辅导员队伍建设提供基本依据，推动各级部门进一步制定完善辅导员队伍准入、考核、培养、发展、退出机制；三是为了进一步充实丰富辅导员工作的专业内涵，引导辅导员系统学习职业相关理论知识、法律法规、政策制度等，为辅导员主动提升专业素养和职业能力指出路径和方向；四是为了进一步规范辅导员的工作范畴，逐步明晰辅导员的岗位职责和工作边界，增强辅导员的职业自信心和职业归属感。

1. 职业概况

1.1　职业名称

高等学校辅导员

1.2　职业定义

辅导员是高等学校教师队伍和管理队伍的重要组成部分，具有教师和干部的双重身份。辅导员是开展大学生思想政治教育的骨干力量，是高校学生日常思想政治教育和管理工作的组织者、实施者和指导者。辅导员应当努力成为学生的人生导师和健康成长的知心朋友。

1.3　职业等级

本职业共分为三个等级，分别为：初级、中级、高级。

1.4　职业能力特征

政治强、业务精、纪律严、作风正。具备思想政治教育工作相关学科的宽口径知识储备。具备较强的组织管理能力和语言、文字表达能力，及教育引导能力、调查研究能力等。

1.5　基本文化程度

大学本科以上学历

1.6　政治面貌要求

中国共产党党员

1.7　培训要求

1.7.1　培训期限

根据学校的专业培养目标和教学培训计划，定期参加思想政治教育培训。基本培训期限：入职培训不少于 40 标准学时（10 天）；中级不少于 48 标准学时（16 学时/年，3 年 12 天）；高级不少于 128 标准学时（16 学时/年，8 年 32 天）。

1.7.2　培训师资

培训高校辅导员的教师应具有相关专业副高级以上专业技术职务或副处级以上职级，并具有较高的思想政治教育及相关专业学术水平、理论修养和丰富的实践经验。

1.7.3 培训场地设备

满足教学需要的标准多媒体教室、报告厅和实践场所。

2. 基本要求

2.1 职业守则

（1）爱国守法。热爱祖国，热爱人民，拥护中国共产党的领导，拥护中国特色社会主义制度。遵守宪法和法律法规，贯彻党的教育方针，依法履行教育职责，维护校园和谐稳定。不得有损害党和国家利益以及不利于学生健康成长的言行。

（2）敬业爱生。热爱党的教育事业，树立崇高职业理想，以献身教育事业、引领学生思想和服务学生成长为己任。真心关爱学生，严格要求学生，公正对待学生。不得损害学生和学校的合法权益。在职责范围内，不得拒绝学生的合理要求。

（3）育人为本。把握思想政治教育规律和大学生成长规律，引导学生树立正确的世界观、人生观和价值观。增强学生社会责任感、创新精神和实践能力。尊重学生独立人格和个人隐私，保护学生自尊心、自信心和进取心，促进学生全面发展，努力培养社会主义合格建设者和可靠接班人。

（4）终身学习。坚持终身学习，勇于开拓创新，主动学习思想政治教育理论、方法及相关学科知识，积极开展理论研究和实践探索，参与社会实践和挂职锻炼，不断拓展工作视野，努力提高职业素养和职业能力。

（5）为人师表。学为人师，行为世范。模范遵守社会公德，引领社会风尚，以高尚品行和人格魅力教育感染学生。不得有损害职业声誉的行为。

2.2 职业知识

2.2.1 基础知识

具备宽广的知识储备，了解马克思主义理论、哲学、政治学、教育学、社会学、心理学、管理学、伦理学、法学等学科的基本原理和基础知识。

2.2.2　专业知识

思想政治教育专业基本理论、基本知识、基本方法

（1）思想政治道德观教育

（2）思想政治教育学原理

（3）思想政治教育史

（4）思想政治教育方法论

（5）思想政治教育心理学和心理健康教育相关知识与技能

（6）比较思想政治教育

马克思主义中国化相关理论及知识

（7）毛泽东思想相关理论

（8）中国特色社会主义理论体系

（9）社会主义核心价值体系

（10）中华人民共和国史

（11）中国共产党党史

大学生思想政治教育工作实务相关知识

（12）党的创新理论教育相关知识

（13）大学生党团、班级建设的相关知识

（14）职业生涯规划与就业指导相关知识

（15）困难资助、奖罚管理等学生日常事务管理内容、知识

（16）校园文化建设、社会实践等学生日常思想政治教育的知识

（17）网络思想政治教育相关知识

（18）危机事件、突发事件应对与管控的相关知识

2.2.3　法律法规知识

《中华人民共和国教育法》《中华人民共和国高等教育法》《中华人民共和国教师法》《中华人民共和国学位条例》《中华人民共和国学位条例暂行实施办法》《中华人民共和国精神卫生法》

《中共中央国务院关于进一步加强和改进大学生思想政治教育的意见》《普通高等学校辅导员队伍建设规定》《普通高等学校学生管理规定》《国家教育考试违规处理办法》《学生伤害事故处理办法》等与大学生思想政治教育相关的法律法规条文规定。

3. 职业能力标准

本标准对初级、中级、高级辅导员要求依次递进，高级别包括低级别的要求。

3.1 初级

初级辅导员一般工作年限为1～3年，经过规定入职培训并取得相应证书。

职业功能	工作内容	能力要求	相关理论和知识要求
思想政治教育	（一）熟悉学生家庭情况、个人特长等基本信息，掌握学生思想特点、动态及思想政治状况 （二）深入开展中国特色社会主义、中国梦宣传教育和社会主义核心价值观教育，帮助学生树立正确的世界观、人生观、价值观，确立在中国共产党领导下走中国特色社会主义道路、实现中华民族伟大复兴的共同理想和坚定信念 （三）有针对性地帮助大学生处理好学习成才、择业交友、健康生活等方面的具体问题	能通过日常观察、谈心谈话、问卷调查等方式，收集学生基本信息，了解学生思想动态；能针对学生关心的热点、焦点问题，及时进行教育和引导 能掌握主题教育、个别谈心、党团活动、社会实践活动等思想政治教育的基本方法 能针对学生关注的思想理论热点问题做基本解释 能结合大学生实际，广泛深入开展谈心活动，引导学生养成良好的心理品质和自尊、自爱、自律、自强的优良品格	思想政治教育的基本理论和方法 马克思主义理论 中国特色社会主义理论体系和社会主义核心价值体系基础知识 心理学基础知识 伦理学基础知识 社会学基础知识

续表

职业功能	工作内容	能力要求	相关理论和知识要求
党团和班级建设	（一）做好学生骨干的遴选、培养、激励工作 （二）做好学生入党积极分子培养教育工作 （三）做好学生党员发展和教育管理服务工作 （四）指导学生党支部和班团组织建设	能考察学生思想政治素质、道德品质、工作能力、发展潜力等基本素质，能激励学生积极主动参与班团事务 能教育引导学生坚定理想信念，增强党性修养，端正入党动机；能组织学生学习党的理论知识 能从思想政治、能力素质、道德品行、现实表现等方面综合考察学生的先进性和纯洁性；熟悉党员发展的环节和程序；能利用各种教育载体激发党员的学习积极性和主动性 能选好配强党支部和班团组织负责人；能积极推动组织生活等工作创新 能发挥学生党员的先锋模范作用和党支部的战斗堡垒作用	人力资源管理相关理论和方法 党建基本理论和知识 《中国共产党章程》 《中国共产党发展党员工作细则》 《关于进一步加强高校学生党员发展和教育管理服务的若干意见》
学业指导	（一）了解学生所学专业的基本情况，组织开展专业教育 （二）培养学生学习兴趣，指导学生养成良好学习习惯，规范学生学习方式行为 （三）组织开展学风建设，营造浓厚学习氛围	能初步掌握学生所学专业的培养计划、专业前景等；能增强学生的专业认同和学习热情 能及时发现并纠正学生学习中的不良倾向	教育学的基本理论和基础知识 关于学生学位授予的相关规定 关于学生考试的相关规定

续表

职业功能	工作内容	能力要求	相关理论和知识要求
日常事务管理	（一）开展新生入学教育 （二）做好毕业生离校教育、管理和服务工作 （三）组织好学生军训工作 （四）有效开展助、贷、勤、减、补工作，落实好家庭经济困难学生的资助工作 （五）做好学生奖励评优和奖学金评审工作 （六）为学生的日常事务提供基本咨询，进行生活指导 （七）指导学生开展宿舍文化建设，促进学生和谐相处，互帮互助	能通过主题班会、参观实践、讲座报告、交流讨论等形式开展入学教育，帮助新生熟悉、接纳并适应大学生活 能通过主题演讲、主题征文、座谈会、毕业纪念册、毕业衫等形式做好毕业生的爱校荣校教育；能为毕业生办理好毕业派遣、户档转出、党组织关系转接等工作 能通过宣讲和谈心等形式做好学生军训动员工作，指导学生积极参与军训 能组织评审各类助学金，指导学生办理助学贷款，组织学生开展勤工俭学活动，为学生办理学费减免和临时困难补助工作 能组织学生开展素质综合测评，公开公平的做好奖励评优和奖学金评审工作 能根据学校相关政策规定及社会、生活常识为学生解答一些日常问题；能指导学生依法维护自身权益 能通过召开宿舍长会议、组织宿舍文化符号比赛等形式活跃宿舍文化 能通过团体辅导、个别谈心等形式化解宿舍学生之间的矛盾	《普通高等学校学生管理规定》 军事训练与国防教育的基础知识 国家和学校对家庭经济困难学生的资助政策 《普通本科高校、高等职业学校国家奖学金管理暂行办法》 《研究生国家奖学金管理暂行办法》 学校相关政策规定 社会学基础知识 经济学基础知识 法学基础知识 美学基础知识 教育学基础知识 心理咨询知识

续表

职业功能	工作内容	能力要求	相关理论和知识要求
心理健康教育与咨询	（一）协助学校心理健康教育机构开展心理筛查 （二）对学生进行初步心理问题排查和疏导 （三）组织开展心理健康教育宣传活动	能协助心理健康教育机构完成心理筛查的组织实施、能了解大学生的心理特点，熟悉大学生常见的发展性心理问题，掌握倾听、共情、尊重等沟通技能，能够与大学生建立积极有效的师生关系，帮助学生调适一般的心理困扰 能组织开展形式多样的心理健康教育宣传活动，如举办讲座、设计宣传展板等；能组织学生参加陶冶情操、磨炼意志的课外文体活动，提高学生心理健康水平	心理咨询的方法、技巧 心理异常的判断标准、原则
网络思想政治教育	（一）构建网络思想政治教育重要阵地，有效传播先进文化、弘扬主旋律 （二）拓展工作途径，加强与学生的网上互动交流，运用网络平台为学生提供学习、生活、就业心理咨询等服务 （三）及时了解网络舆情信息，密切关注学生的网络动态，敏锐把握一些苗头性、倾向性、群体性问题	能及时把握学生对信息技术的应用趋势；能熟悉网络语言特点和规律；能熟练使用博客、微博及微信等新媒体技术 能及时研判网络舆情	《关于进一步加强高等学校校园网络管理工作的意见》 网络技术基础知识 传播学基础知识

续表

职业功能	工作内容	能力要求	相关理论和知识要求
危机事件应对	（一）对危机事件作初步处理，努力稳定并控制局面 （二）了解事件相关信息并及时逐级上报 （三）组织基本安全教育并建立基层应急队伍	能第一时间赶赴现场；能尽快确认相关人员基本情况；能执行危机事件处理预案，及时稳定相关人员情绪 能通过学生骨干、密切接触人员等渠道快速了解事件相关信息；能对事件性质做出初步判断；能将相关情况及时向上级领导汇报 掌握基本安全教育方法，能组织开展学生安全教育活动；能培训指导各级学生骨干具备初步应急常识	《学生伤害事故处理办法》相关规定 危机事件、突发事件应对与管控的相关知识 危机事件应对预案相关内容 公共危机管理基础知识 社会学基础知识
职业规划与就业指导	（一）为学生提供高效优质的就业指导和信息服务 （二）帮助学生树立正确的就业观念，引导毕业生到基层、到西部、到祖国最需要的地方建功立业	能及时全面发布就业信息；能开展通用求职技巧指导、就业政策及流程解读等基本就业指导服务工作 具备基本的职业生涯规划能力，能开展就业观、择业观教育	国家毕业生就业相关政策 现代化技术发布信息的方法 职业类型基础知识 职业咨询基础知识
理论和实践研究	（一）攻读并获得思想政治教育、教育学、管理学等相关专业学位；参加校内相关学科领域学术交流活动 （二）参与校内外思想政治教育课题或项目研究	能掌握思想政治教育的基本理论观点；能融入学术团队，运用理论分析、调查研究等方法，归纳分析相关问题	科学研究基本方法

3.2　中级

中级辅导员一般工作年限为 4 ~ 8 年，具备一定工作经验，培养了较强研究能力，积累了一定理论和实践成果。中级辅导员职业标准除涵盖初级辅导员的职业标准内容要求外，在各项职业功能上有更高要求。

职业功能	工作内容	能力要求	相关理论和知识要求
思想政治教育	（一）组织、协调班主任、思想政治理论课教师和组织员等共同做好经常性的思想政治教育工作 （二）参与思想道德修养、形势与政策教育等课程教学 （三）为学生在理想、信念等方面遇到的深层次思想问题提供有针对性的教育咨询	能与班主任、思想政治理论课教师和组织员等工作骨干做好沟通交流，充分发挥所有从事大学生思想政治教育人员的育人作用 能深入了解国情、民情、社情；能根据教学的需要和学生的特点，采取灵活多样的教学方式开展形势与政策教育 能就学生深层次的思想问题进行沟通、挖掘、分析与辅导	心理学 政治学基础知识 课堂教学基本方法与理论 伦理学相关知识 社会学相关知识
党团和班级建设	（一）开展党员教育管理服务工作 （二）指导学生党支部和班团组织开展主题党、团日等活动 （三）参与学生业余党校、团校建设，讲授党课、团课	具备丰富的党建团建工作经验与扎实的理论功底；能指导党支部书记开展党员教育培训，拓展教育途径；能指导党支部书记开展组织生活和组织关系管理；能指导党支部书记关爱帮助学生党员，保障党员民主权利 能抓住重大节庆日、重要活动、重要节点，指导党团组织开展主题活动 能指导学生组织开展丰富多彩的校园文化、艺术、体育等活动 能组织开展学院级党校、团校的相关工作；能讲授具有一定理论水平、深受学生欢迎的党课、团课	中华人民共和国史 中国共产党史 党的建设理论 大型活动组织管理和大型活动组织的方法与原则 课堂教学方法

续表

职业功能	工作内容	能力要求	相关理论和知识要求
学业指导	(一) 帮助学习困难学生适应大学学习生活，激发学习兴趣，掌握科学的学习方法 (二) 研究分析学生学习状态和学习成绩变化，并针对性地开展分类指导 (三) 指导学生开展课外科技学术实践活动 (四) 指导学生考研、出国留学等学习事务	能通过侧面了解、谈心谈话、组织相关人员集体讨论等方式分析学生遇到的困难和应对措施，指导学生有效调整学习习惯和学习方法 能通过召开宣讲会、谈心谈话等方式鼓励学生主动参与课外学术实践活动	教育学相关知识 心理学相关知识
日常事务管理	(一) 违法违纪学生的教育处理 (二) 能熟练把握学生情感、人际交往、财经、法律等方面事务科学咨询指导的政策、方法和技巧	能准确把握国家有关法律法规和学校规章制度，对学生违法违纪行为进行严肃处理；能采用案例分析、宣传警示等形式对学生进行日常法律意识教育 能运用法律知识、社会学知识和心理学知识指导学生对日常遇到的各种复杂问题进行全面深入的分析，探究解决问题的办法	《中华人民共和国刑法》 《中华人民共和国治安管理处罚法》 《国家教育考试违规处理办法》 学校相关规章制度 经济学相关知识 法学相关知识 社会学相关知识

续表

职业功能	工作内容	能力要求	相关理论和知识要求
心理健康教育与咨询	（一）心理问题严重程度的识别与严重个案的转介 （二）心理测验的实施 （三）有效开展学生心理疏导工作 （四）初步开展心理危机的识别与干预 （五）相对系统地组织开展心理健康教育活动	具备三级心理咨询师资质或具有心理健康教育相关专业硕士学位 能对一般心理问题、心理障碍和精神疾病进行初步识别，了解转介到心理咨询中心或精神卫生医院的适用条件和相关程序 能根据工作需要，正确实施各种心理测验量表、问卷，并能在专业人士指导下对结果进行正确解读和反馈 能与求助学生建立良好的信任关系，有效开展心理疏导工作，帮助学生调节情绪 能识别大学生心理危机的症状并进行初步评估，能协助专家开展相关的危机干预工作 能通过培养心理委员、宿舍长、班干部等方法，培养学生自我管理、自我救助和朋辈互助的能力；能有效设计相对系统的院系心理健康教育整体方案，并能指导学生社团开展形式多样的心理健康教育活动	心理问题、神经症、精神病识别知识 各类测验的功能与使用范围，施测手段 教育心理学基础知识

续表

职业功能	工作内容	能力要求	相关理论和知识要求
网络思想政治教育	（一）综合利用传统、网络媒体，统筹协调网上、网下工作 （二）引导学生在网上自我教育、自我管理和自我服务，教育学生在网上自我约束、自我保护 （三）围绕学生关注的重点、热点和难点问题，进行有效舆论引导；丰富网上宣传内容，把握网络舆论的话语权和主导权	能准备把握网络传播规律，有效配置整合网络资源 能对学生的网络行为进行教育引导 能通过博客、微博、校园交互社区、网络群组等网络平台主动发布相关内容，吸引学生浏览、点击和评论，引导网络舆情	社会学的基础知识 文化学的基础知识 教育学的基础知识 网络舆情引导方法
危机事件应对	（一）指导初级辅导员对危机事件作初步处理，稳定并控制局面 （二）对事件相关信息做好全面汇总和准确分析并及时与有关部门沟通 （三）对事件发展及其影响进行持续关注与跟踪 （四）组织安全教育课程学习	能做好第一时间现场统筹指挥工作；能把握重点人员和关键节点，有效控制事态的发展 能协调事件涉及相关部门迅速反应，筛选有效信息；能通过沟通和分析把握事件脉络并提出初步处理方案 能密切联系相关人员，跟踪事件的处理效果；通过网络、个别谈话等渠道掌握事件产生的影响；能进行事后集体和个体的心理疏导 能讲授校园安全教育公共选修课	《学生伤害事故处理办法》相关规定 危机事件、突发事件应对与管控的相关知识 公共危机管理相关知识 心理学相关知识 教育教学方法相关知识

续表

职业功能	工作内容	能力要求	相关理论和知识要求
职业规划与就业指导	（一）帮助学生正确分析自己的职业倾向 （二）开展职业生涯规划活动，帮助学生树立正确的职业观、择业观、创业观、成才观，尽快适应社会、融入社会	能开展职业能力倾向测试并对结果进行分析、评估能帮助学生认识自身的性格特点和能力，明确职业发展目标，澄清职业取向；能为毕业生提供个性化咨询指导	职业生涯规划基本理论 人力资源管理基本理论
理论和实践研究	（一）攻读获得思想政治教育、教育学、管理学等相关专业博士学位；参加国内学术交流活动 （二）主持或参与校级及以上思想政治教育课题或项目研究，形成具有针对性和实效性的研究成果	能开展深入的科学研究；能领导管理科研项目团队；以第一作者身份在相关领域期刊发表3篇学术论文	教育研究方法 社会学研究方法 管理学相关知识

3.3　高级

高级辅导员一般工作8年以上，具有丰富的实践经验，较高的理论水平和学术修养，高级辅导员职业标准除涵盖中级辅导员的职业标准内容要求外，在思想政治教育工作某一领域有深入的研究并具有影响力的成果，成为该领域的专家。

职业功能	工作内容	能力要求	相关理论和知识要求
思想政治教育	（一）主动思考研究，掌握思想政治教育的重点和一般规律，提高学生思想政治教育针对性和实效性	能根据党的教育方针和高等教育发展要求，结合学生的阶段特征，按照学校育人工作的总体要求，有计划、有目的地系统实施学生思想政治教育	思想政治教育学理论 思想政治教育方法论 开展科学调查研究的方法

续表

职业功能	工作内容	能力要求	相关理论和知识要求
思想政治教育	（二）开展工作调查研究，调整工作思路和方法 （三）研究把握思想政治教育规律性、前沿性问题，成为思想政治教育专家*	能开展思想政治教育工作理论与方法的调查和研究，分析工作对象和条件的变化，及时调整工作思路和方法 对马克思主义理论和思想政治教育有深入的研究，具有相关专业的学位或具有长期的丰富工作经验 能运用现代科学技术，并借鉴其他交叉学科的优势，实施思想政治教育工作 在具有影响力的学术期刊以第一作者身份发表5篇以上思想政治教育学术论文 能够熟练利用理论指导辅导员工作的开展 能讲授思想政治教育公共选修课	马克思主义理论 中国特色社会主义理论体系内涵及宣传教育的方法 社会主义核心价值体系内涵及宣传教育方法 思想政治道德观相关理论 思想政治教育学史 比较思想政治教育 现代科学技术在思想政治教育中的应用方法
党团建设	深入研究高校党建的规律性前沿性问题，成为党建专家*	对马克思主义理论、中华人民共和国史、中国共产党史、中国特色社会主义理论、党建创新理论有深入的研究 在具有影响力的学术期刊以第一作者身份发表5篇以上党建工作学术论文 能够熟练利用理论指导初级、中级辅导员开展党建工作	马克思主义理论 中华人民共和国史 中国共产党史 中国特色社会主义理论体系内涵及宣传教育的方法 社会主义核心价值体系内涵及宣传教育方法 党建学相关理论 政治学相关理论

* 标*项为专家职能，高级辅导员需至少符合一项标*项

续表

职业功能	工作内容	能力要求	相关理论和知识要求
学业指导	（一）组织学生参与专业课教师的实验或研究项目，培养学生学术爱好和研究能力 （二）深入研究学生学习能力、创新能力形成规律，培养学生创新思维和创造性人格 （三）研究完善学生综合评价体系，研究健全创新人才培养机制	能深入了解学生所在专业知识，为学生提供有针对性的专业学习建议 能应用心理学、教育学相关原理和知识指导学生学习研究 能因材施教，培养研究型、创新型人才 能够指导和组织初级、中级辅导员开展学业指导工作	心理学相关知识 教育学相关知识 学生所在专业相关知识
日常事务管理	积极创新学生事务管理的理念和方法，总结凝练工作经验，深入研究把握学生事务管理的规律，成为学生事务管理专家*	具有长期丰富的事务管理工作经验 能合理运用教育学、管理学、法学相关知识，对学生事务管理工作进行服务育人体系化设计 能够熟练利用理论指导辅导员开展学生事务管理工作 在具有影响力的学术期刊以第一作者身份发表5篇以上学生事务管理学术论文	教育学相关知识 管理学相关知识 法学相关知识 学生事务管理相关规定和程序
心理健康教育与咨询	总结凝练实践工作经验，深入研究把握心理健康教育的规律，成为心理健康教育专家*	具备二级心理咨询师资质 能进行危机评估、实施干预、妥善预后及跟踪回访 能够为学生提供心理咨询服务 在具有影响力的学术期刊以第一作者身份发表5篇以上心理健康教育相关领域学术论文 能够熟练利用理论和实际经验指导辅导员开展心理健康教育工作 能够为高校辅导员提供有效的心理健康教育培训 能讲授心理健康教育公共选修课	心理学相关理论 应用心理学相关理论 思想政治教育心理学相关理论

续表

职业功能	工作内容	能力要求	相关理论和知识要求
网络思想政治教育	熟练应用现代信息技术，结合丰富的网络思想政治教育工作经验，深入研究把握网络传播的规律、研判网上学生思想动态，成为网络思想政治教育专家*	能结合工作经验、运用科学的研究方法对网络思想政治教育开展深入的研究 能在具有影响力的学术期刊以第一作者身份发表5篇以上网络思想政治教育学术论文 能够熟练运用理论指导辅导员开展网络思想政治教育工作	马克思主义理论 中国特色社会主义理论体系内涵及宣传教育的方法 社会主义核心价值体系内涵及宣传教育方法 网络思想政治教育原理与方法 现代科学技术在思想政治教育中的应用方法
危机事件应对	（一）对危机事件进行分类分级，并做出预判 （二）协调相关部门妥善处理危机事件，稳定工作局面 （三）总结经验，对工作进行改进，完善预警和应对机制 （四）总结凝练实践工作经验，深入研究把握危机事件应对的规律，成为校园公共危机管理专家*	能根据掌握的信息对危机事件进行分类分级；能准确分析事态起因，牢牢把握发展趋势 能摸清事态的症结，协调校内外相关部门制定对策并迅速妥善处理，恢复正常 能掌握整个事件的过程，深层次研究事件原因，改进工作，提出对策 在具有影响力的学术期刊以第一作者身份发表5篇以上公共危机处理相关领域学术论文；能熟练利用相关理论指导辅导员进行公共危机处理	危机事件应对与管控的相关知识 公共危机管理相关理论 管理学相关理论 社会学相关理论 心理学相关理论 伦理学相关理论

续表

职业功能	工作内容	能力要求	相关理论和知识要求
职业规划与就业指导	总结凝练实际工作经验，深入研究把握职业生涯规划与就业指导工作的规律，能为学生开展基本的创业指导，成为职业规划与就业指导专家*	具备职业指导师资质 能为大学生开展团体职业咨询 能撰写职业指导典型案例，开展职业指导应用性研究，并将研究结果应用到实际工作中 能进行较为客观全面的创业环境、政策、行业前景分析 能建立健全大学生就业指导机构和就业信息服务系统，提供更高效优质的就业创业服务 在具有影响力的学术期刊以第一作者身份发表5篇以上职业规划与就业指导相关领域学术论文 能够熟练利用理论指导辅导员开展职业规划与就业指导工作 能讲授职业规划与就业指导公共选修课	职业生涯规划相关理论 人力资源管理相关理论 职业咨询相关理论 职业素质测评相关理论 国家鼓励创业基本政策
理论与实践研究	（一）参加国际交流、考察和进修深造 （二）主持省部级以上思想政治教育课题或项目研究；形成具有影响力和推广价值的研究成果	能深入把握国内外学生事务工作前沿进展 以第一作者身份在相关领域核心期刊发表10篇以上学术论文；能推动研究成果的转化应用；对中级辅导员的研究进行指导	教育研究方法 社会学研究方法 管理学相关知识

青年要自觉践行社会主义核心价值观

——习近平在北京大学师生座谈会上的讲话

（2014年5月4日）

各位同学，各位老师，同志们：

今天是五四青年节，很高兴来到北京大学同大家见面，共同纪念五四运动95周年。首先，我代表党中央，向北京大学全体师生员工，向全国各族青年，致以节日的问候！向全国广大教育工作者和青年工作者，致以崇高的敬意！

刚才，朱善璐同志汇报了学校工作情况，几位同学、青年教师分别作了发言，大家讲得都很好，听后很受启发。这是我到中央工作以后第五次到北大，每次来都有新的体会。在洋溢着青春活力的校园里一路走来，触景生情，颇多感慨。我感到，当代大学生是可爱、可信、可贵、可为的。

五四运动形成了爱国、进步、民主、科学的五四精神，拉开了中国新民主主义革命的序幕，促进了马克思主义在中国的传播，推动了中国共产党的建立。五四运动以来，在中国共产党领导下，一代又一代有志青年“以青春之我，创建青春之家庭，青春之国家，青春之民族，青春之人类，青春之地球，青春之宇宙”，在救亡图存、振兴中华的历史洪流中谱写了一曲曲感天动地的青春乐章。

北京大学是新文化运动的中心和五四运动的策源地，是这段光荣历史的见证者。长期以来，北京大学广大师生始终与祖国和人民共命运、与时代和社会同前进，在各条战线上为我国革命、建设、改革事业作出了重要贡献。

党的十八大提出了“两个一百年”奋斗目标。我说过，现在，我们比历史上任何时期都更接近实现中华民族伟大复兴的目标，比历史上任何时期都更有信心、更有能力实现这个目标。

行百里者半九十。距离实现中华民族伟大复兴的目标越近，我们越不能懈怠、越要加倍努力，越要动员广大青年为之奋斗。

光阴荏苒，物换星移。时间之河川流不息，每一代青年都有自己的际遇和机缘，都要在自己所处的时代条件下谋划人生、创造历史。青年是标志时代的最灵敏的晴雨表，时代的责任赋予青年，时代的光荣属于青年。

广大青年对五四运动的最好纪念，就是在党的领导下，勇做走在时代前列的奋进者、开拓者、奉献者，以执著的信念、优良的品德、丰富的知识、过硬的本领，同全国各族人民一道，担负起历史重任，让五四精神放射出更加夺目的时代光芒。

同学们、老师们！

大学是一个研究学问、探索真理的地方，借此机会，我想就社会主义核心价值观问题，同各位同学和老师交流交流想法。

我想讲这个问题，是从弘扬五四精神联想到的。五四精神体现了中国人民和中华民族近代以来追求的先进价值观。爱国、进步、民主、科学，都是我们今天依然应该坚守和践行的核心价值，不仅广大青年要坚守和践行，全社会都要坚守和践行。

人类社会发展的历史表明，对一个民族、一个国家来说，最持久、最深层的力量是全社会共同认可的核心价值观。核心价值观，承载着一个民族、一个国家的精神追求，体现着一个社会评判是非曲直的价值标准。

古人说："大学之道，在明明德，在亲民，在止于至善。"核心价值观，其实就是一种德，既是个人的德，也是一种大德，就是国家的德、社会的德。国无德不兴，人无德不立。如果一个民族、一个国家没有共同的核心价值观，莫衷一是，行无依归，那这个民族、这个国家就无法前进。这样的情形，在我国历史上，在当今世界上，都屡见不鲜。

我国是一个有着 13 亿多人口、56 个民族的大国，确立反映全国各族人民共同认同的价值观“最大公约数”，使全体人民同心同德、团结奋进，关乎国家前途命运，关乎人民幸福安康。

每个时代都有每个时代的精神，每个时代都有每个时代的价值观念。国有四维，礼义廉耻，“四维不张，国乃灭亡。”这是中国先人对当时核心价值观的认识。在当代中国，我们的民族、我们的国家应该坚守什么样的核心价值观？这个问题，是一个理论问题，也是一个实践问题。经过反复征求意见，综合各方面认识，我们提出要倡导富强、民主、文明、和谐，倡导自由、平等、公正、法治，倡导爱国、敬业、诚信、友善，积极培育和践行社会主义核心价值观。富强、民主、文明、和谐是国家层面的价值要求，自由、平等、公正、法治是社会层面的价值要求，爱国、敬业、诚信、友善是公民层面的价值要求。这个概括，实际上回答了我们要建设什么样的国家、建设什么样的社会、培育什么样的公民的重大问题。

中国古代历来讲格物致知、诚意正心、修身齐家、治国平天下。从某种角度看，格物致知、诚意正心、修身是个人层面的要求，齐家是社会层面的要求，治国平天下是国家层面的要求。我们提出的社会主义核心价值观，把涉及国家、社会、公民的价值要求融为一体，既体现了社会主义本质要求，继承了中华优秀传统文化，也吸收了世界文明有益成果，体现了时代精神。

富强、民主、文明、和谐，自由、平等、公正、法治，爱国、敬业、诚信、友善，传承着中国优秀传统文化的基因，寄托着近代以来中国人民上下求索、历经千辛万苦确立的理想和信念，也承载着我们每个人的美好愿景。我们要在全社会牢固树立社会主义核心价值观，全体人民一起努力，通过持之以恒的奋斗，把我们的国家建设得更加富强、更加民主、更加文明、更加和谐、更加美丽，让中华民族以更加自信、更加自强的姿态屹立于世界民族之林。

建设富强民主文明和谐的社会主义现代化国家，实现中华民族伟大复兴，是鸦片战争以来中国人民最伟大的梦想，是中华民族的最高利益和根本利益。今天，我们 13 亿多人的一切奋斗归根到底都是为了实现这一伟大目标。中国曾经是世界上的经济强国，后来在世界工业革命如火如荼、人类社会发生深刻变革的时期，中国丧失了与世界同进步的历史机遇，落到了被动挨打的境地。尤其是鸦片战争之后，中华民族更是陷入积贫积弱、任人宰割的悲惨状况。这段历史悲剧决不能重演！建设富强民主文明和谐的社会主义现代化国家，是我们的目标，也是我们的责任，是我们对中华民族的责任，对前人的责任，对后人的责任。我们要保持战略定力和坚定信念，坚定不移走自己的路，朝着自己的目标前进。

中国已经发展起来了，我们不认可"国强必霸"的逻辑，坚持走和平发展道路，但中华民族被外族任意欺凌的时代已经一去不复返了！为什么我们现在有这样的底气？就是因为我们的国家发展起来了。现在，中国的国际地位不断提高、国际影响力不断扩大，这是中国人民用自己的百年奋斗赢得的尊敬。想想近代以来中国丧权辱国、外国人在中国横行霸道的悲惨历史，真是形成了鲜明对照！

中华文明绵延数千年，有其独特的价值体系。中华优秀传统文化已经成为中华民族的基因，植根在中国人内心，潜移默化影响着中国人的思想方式和行为方式。今天，我们提倡和弘扬社会主义核心价值观，必须从中汲取丰富营养，否则就不会有生命力和影响力。比如，中华文化强调"民惟邦本""天人合一""和而不同"，强调"天行健，君子以自强不息""大道之行也，天下为公"；强调"天下兴亡，匹夫有责"，主张以德治国、以文化人；强调"君子喻于义""君子坦荡荡""君子义以为质"；强调"言必信，行必果""人而无信，不知其可也"；强调"德不孤，必有邻""仁者爱人""与人为善""己所不欲，勿施于人""出入相友，守望相助""老吾老以及人之老，幼吾幼以及人之幼""扶贫济困""不患寡而患不均"，等等。像这样的思想和理念，不论过去还是现在，都有其鲜明的民族特色，都有其永不褪色的时代价值。这些思想和理念，既随着时间推移和时代变迁而不断与时俱进，又有其自身的连续性和稳定性。我们生而为中国人，最根本的是我们有中国人的独特精神世界，有百姓日用而不觉的价值观。我们提倡的社会主义核心价值观，就充分体现了对中华优秀传统文化的传承和升华。

价值观是人类在认识、改造自然和社会的过程中产生与发挥作用的。不同民族、不同国家由于其自然条件和发展历程不同，产生和形成的核心价值观也各有特点。一个民族、一个国家的核心价值观必须同这个民族、这个国家的历史文化相契合，同这个民族、这个国家的人民正在进行的奋斗相结合，同这个民族、这个国家需要解决的时代问题相适应。世界上没有两片完全相同的树叶。一个民族、一个国家，必须知道自己是谁，是从哪里来的，要到哪里去，想明白了、想对了，就要坚定不移朝着目标前进。

我在纪念毛泽东同志诞辰 120 周年座谈会上讲话时说：站立在 960 万平方公里的广袤土地上，吸吮着中华民族漫长奋斗积累的文化养分，拥有 13 亿中国人民聚合的磅礴之力，我们走自己的路，具有无比广阔的舞台，具有无比深厚的历史底蕴，具有无比强大的前进定力。中国人民应该有这个信心，每一个中国人都应该有这个信心。我们要虚心学习借鉴人类社会创造的一切文明成果，但我们不能数典忘祖，不能照抄照搬别国的发展模式，也绝不会接受任何外国颐指气使的说教。

我说这话的意思是，实现我们的发展目标，实现中国梦，必须增强道路自信、理论自信、制度自信，“千磨万击还坚劲，任尔东南西北风”。而这“三个自信”需要我们对核心价值观的认定作支撑。

我为什么要对青年讲讲社会主义核心价值观这个问题？是因为青年的价值取向决定了未来整个社会的价值取向，而青年又处在价值观形成和确立的时期，抓好这一时期的价值观养成十分重要。这就像穿衣服扣扣子一样，如果第一粒扣子扣错了，剩余的扣子都会扣错。人生的扣子从一开始就要扣好。“凿井者，起于三寸之坎，以就万仞之深。”青年要从现在做起、从自己做起，使社会主义核心价值观成为自己的基本遵循，并身体力行大力将其推广到全社会去。

广大青年树立和培育社会主义核心价值观，要在以下几点上下工夫。

一是要勤学，下得苦功夫，求得真学问。知识是树立核心价值观的重要基础。古希腊哲学家说，知识即美德。我国古人说：“非学无以广才，非志无以成学”大学的青春时光，人生只有一次，应该好好珍惜。为学之要贵在勤奋、贵在钻研、贵在有恒。鲁迅先生说过：“哪里有天才，我是把别人喝咖啡的工夫都用在工作上的。”大学阶段，“恰同学少年，风华正茂”，有老师指点，有同学切磋，有浩瀚的书籍引路，可以心无旁骛求知问学。此时不努力，更待何时？要勤于学习、敏于求知，注重把所学知识内化于心，形成自己的见解，既要专攻博览，又要关心国家、关心人民、关心世界，学会担当社会责任。

二是要修德，加强道德修养，注重道德实践。“德者，本也。”蔡元培先生说过：“若无德，则虽体魄智力发达，适足助其为恶。”道德之于个人、之于社会，都具有基础性意义，做人做事第一位的是崇德修身。这就是我们的用人标准为什么是德才兼备、以德为先，因为德是首要、是方向，一个人只有明大德、守公德、严私德，其才方能用得其所。修德，既要立意高远，又要立足平实。要立志报效祖国、服务人民，这是大德，养大德者方可成大业。同时，还得从做好小事、管好小节开始起步，“见善则迁，有过则改”，踏踏实实修好公德、私德，学会劳动、学会勤俭，学会感恩、学会助人，学会谦让、学会宽容，学会自省、学会自律。

三是要明辨，善于明辨是非，善于决断选择。“学而不思则罔，思而不学则殆。”是非明，方向清，路子正，人们付出的辛劳才能结出果实。面对世界的深刻复杂变化，面对信息时代各种思潮的相互激荡，面对纷繁多变、鱼龙混杂、泥沙俱下的社会现象，面对学业、情感、职业选择等多方面的考量，一时有些疑惑、彷徨、失落，是正常的人生经历。关键是要学会思考、善于分析、正确抉择，做到稳重自持、从容自信、坚定自励。要树立正确的世界观、人生观、价值观，掌握了这把总钥匙，再来看看社会万象、人生历程，一切是非、正误、主次，一切真假、善恶、美丑，自然就洞若观火、清澈明了，自然就能作出正确判断、作出正确选择。正所谓“千淘万漉虽辛苦，吹尽狂沙始到金”。

四是要笃实，扎扎实实干事，踏踏实实做人。道不可坐论，德不能空谈。于实处用力，从知行合一上下工夫，核心价值观才能内化为人们的精神追求，外化为人们的自觉行动。《礼记》中说：“博学之，审问之，慎思之，明辨之，笃行之。”有人说：“圣人是肯做工夫的庸人，庸人是不肯做工夫的圣人。”青年有着大好机遇，关键是要迈稳步子、夯实根基、久久为功。心浮气躁，朝三暮四，学一门丢一门，干一行弃一行，无论为学还是创业，都是最忌讳的。“天下难事，必作于易；天下大事，必作于细。”成功的背后，永远是艰辛努力。青年要把艰苦环境作为磨炼自己的机遇，把小事当做大事干，一步一个脚印往前走。滴水可以穿石。只要坚韧不拔、百折不挠，成功就一定在前方等你。

核心价值观的养成绝非一日之功，要坚持由易到难、由近及远，努力把核心价值观的要求变成日常的行为准则，进而形成自觉奉行的信念理念。不要顺利的时候，看山是山、看水是水，一遇挫折，就怀疑动摇，看山不是山、看水不是水了。无论什么时候，我们都要坚守在中国大地上形成和发展起来的社会主义核心价值观，在时代大潮中建功立业，成就自己的宝贵人生。

同学们、老师们！

党中央作出了建设世界一流大学的战略决策，我们要朝着这个目标坚定不移前进。办好中国的世界一流大学，必须有中国特色。没有特色，跟在他人后面亦步亦趋，依样画葫芦，是不可能办成功的。这里可以套用一句话，越是民族的越是世界的。世界上不会有第二个哈佛、牛津、斯坦福、麻省理工、剑桥，但会有第一个北大、清华、浙大、复旦、南大等中国著名学府。我们要认真吸收世界上先进的办学治学经验，更要遵循教育规律，扎根中国大地办大学。

鲁迅先生说："北大是常为新的，改进的运动的先锋，要使中国向着好的，往上的道路走。"党的十八届三中全会吹响了全面深化改革的号角，也对深化我国高等教育改革提出了明确要求。现在，关键是把蓝图一步步变为现实。全国高等院校要走在教育改革前列，紧紧围绕立德树人的根本任务，加快构建充满活力、富有效率、更加开放、有利于学校科学发展的体制机制，当好教育改革排头兵。我也希望北京大学通过埋头苦干和改革创新，早日实现几代北大人创建世界一流大学的梦想。

教师承担着最庄严、最神圣的使命。梅贻琦先生说："所谓大学者，非谓有大楼之谓也，有大师之谓也。"我体会，这样的大师，既是学问之师，又是品行之师。教师要时刻铭记教书育人的使命，甘当人梯，甘当铺路石，以人格魅力引导学生心灵，以学术造诣开启学生的智慧之门。

各级党委和政府要高度重视高校工作，始终关心和爱护学生成长，为他们放飞青春梦想、实现人生出彩搭建舞台。要全面深化改革，营造公平公正的社会环境，促进社会流动，不断激发广大青年的活力和创造力。要强化就业创业服务体系建设，支持帮助学生们迈好走向社会的第一步。各级领导干部要经常到学生们中去、同他们交朋友，听取他们的意见和建议。

现在在高校学习的大学生都是 20 岁左右，到 2020 年全面建成小康社会时，很多人还不到 30 岁；到本世纪中叶基本实现现代化时，很多人还不到 60 岁。也就是说，实现"两个一百年"奋斗目标，你们和千千万万青年将全过程参与。有信念、有梦想、有奋斗、有奉献的人生，才是有意义的人生。当代青年建功立业的舞台空前广阔、梦想成真的前景空前光明，希望大家努力在实现中国梦的伟大实践中创造自己的精彩人生。

我相信，当代中国青年一定能够担当起党和人民赋予的历史重任，在激扬青春、开拓人生、奉献社会的进程中书写无愧于时代的壮丽篇章！

参考文献

[1] 马和民. 学生失范行为及其教育控制 [J]. 全球教育展望, 2002, (4).

[2] 谷贤林. 导师制·午后茶·住宿学院与一流大学的人才培养 [J]. 比较教育研究, 2003, (9).

[3] 周治国, 翟金玉. 新形势下加强高职院校组织员队伍建设初探 [J]. 学校党建与思想教育 (高教版), 2005.

[4] 李红惠. 世界一流大学的隐性教育策略探析 [J]. 河北师范大学学报 (教育科学版), 2005, (5).

[5] 全思懋, 方鹏, 石松, 赵美芳. 剑桥和耶鲁住宿学院制模式对我国大学学生宿舍管理的启示 [J]. 高等农业教育, 2005, (7).

[6] 吉泓冰. 新形势下加强高职院校组织员队伍建设初探 [J]. 中共南京市委党校南京市行政学院学报, 2006. 6.

[7] 张家勇, 张家智. 哈佛大学本科生住宿制和导师制 [J]. 比较教育研究, 2007, (1).

[8] 叶健. 高职院校学生流失现象及其对策探究 [J]. 辽宁教育研究, 2007, (10).

[9] 杨柏冬, 杨建杰. 高职院校党的组织员队伍建设的现实思考 [J]. 沈阳师范大学学报 (社会科学版), 2008. 6.

[10] 住宿学院制对当前中国高校先进宿舍文化建设的启示 [J]. 中国电力教育, 2009, (10).

[11] 北京高校党建研究会 2010 年度课题"高职学生党员培养与发展工作的实践研究"调查报告.

[12] 王庆杰. "输血""补钙""把脉""铸魂"——论高职教育校园文化建设中内涵"缺失"及对策 [J]. 职业教育, 2011. 4.

[13] 周颖，朱玉华.90后大学生入党动机调查分析［J］. 北京宣武红旗业余大学学报，2012.4.

[14] 张家勇，朱玉华. 耶鲁大学本科人才培养模式探析［J］. 北京教育，2012，(10).

[15] 祝文燕. 试论高等教育大众化语境下的高职学生工作观［J］. 全球教育展望，2012，(11).

[16] 文莉. 高职学生政治信仰状况调查与坚定三个自信研究［J］. 科教论坛，2013.9.

[17] 王相坤. 理想信念是共产党人精神上的“钙”. 2013年12月05日15：04 http：//theory. people. com. cn/n/2013/1205/c40537 – 23757123. html（来源：人民网－中国共产党新闻网）.

[18] 符红川. 高职院校学生思想政治教育存在的问题及对策研究［J］. 教育与职业，2014.3.

[19] 朱玉华. 高职院校组织员工作机制探析——以北京青年政治学院为例［J］. 价值工程，2014.5.

[20] 李家新. 住宿学院制在中国推行的可行性研究［D］. 三峡大学，2012.

[21] 金耀基. 大学之理念（增订版）［M］. 北京：生活·读书·新知三联书店，2008.

[22] 冯刚，赵锋. 走进英国高校学生事务管理［M］. 北京：中国人民大学出版社，2008，(9).

[23] 周颖等. 他们是什么人：90后高职学生［M］. 北京：线装出版社，2013.

后　记

终于完成了学术人生路上的第一本著作。望着手中沉甸甸的书稿，就像看着自己珍爱的孩子一样，几个月的写作时光，付出的心血和努力，如人饮水，冷暖自知。时光如白驹过隙，稍纵即逝，一晃已经工作十年。十年前，偶然的机会，我来到了北京青年政治学院，从此开始接触高等职业教育，结识了许多从事高等职业教育的朋友，认识了一大批接受高等职业教育的学生，与高职院校的学生工作结下了不解之缘。

高职院校是高等教育的重要组成部分，与一般本科院校的学生相比，高职院校的学生有着特殊性，他们的成长经历、学业表现、人生规划有着鲜明的特点。也许在一些人眼中，高职学生高考分数不高，是某种程度上的高考失败者，但是真正认识了这些孩子后，你会发现他们思想活跃，勤于实践，动手能力强，尊敬师长，与人为善，情商水平高，他们真诚而热情，在他们身上同样闪耀着青春的璀璨的光芒。十年的时光，我结识了不少优秀的高职生，不管是校园里琅琅的读书声，还是篮球场上矫健的身影；不管是辩论赛上机智的问答，还是舞台上翩跹的舞姿；不管是参加各级各类比赛认真备战的身影，还是志愿服务中美丽的笑脸，无不给我留下深刻印象。毋庸讳言，工作的过程中，我也遇到过一些高职学生，由于成长经历和个人性格等诸多原因，没有形成良好的学习习惯，自控能力差，人际关系不和谐，同样的大学生活，留下的是不一样的记忆，旷课、打架等失范行为频繁发生，少数学生甚至不得不退学。

古人说："大学之道，在明明德，在亲民，在止于至善。"高等职业教育在教会学生一技之长外，还要交给学生什么？习近平总书记在讲话中指出，青年处在价值观形成和确立的时期，抓好这一时期的价值观养成十分重要。这就像穿衣服扣扣子一样，如果第一粒扣子扣错了，剩余的扣子都会扣错，人生的扣子从一开始就要扣好。因此，研究高职学生思想政治教育规律，帮助他们系好人生的第一枚扣子，非常重要。

拙著得以完成并付梓出版，离不开学院领导及同事的指导和帮助，离不开好友及家人的鼓励和支持。感谢楚国清、梁绿琦、祝文燕、高世英等学院领导，他们都是拥有丰富人生经历、渊博学识、独到教育见解的魅力型、专家型、学者型领导，善于将日常工作与学术研究相结合，善于在纷纷扰扰的琐事中发现教育规律。不论是为学生讲党课，还是主持学生思想动态调研，不论是构建学生工作系统育人模式，还是主持学生党员先锋工程，他们的言传身教，让我这个只有历史学学科背景的地道外行，慢慢地对高等职业教育产生了兴趣并有所得。高世英老师是我跟随时间最长的领导，他勤勉的工作态度、饱满的工作热情、创新的工作方式、无私的奉献精神，一直鼓舞着我不断进步。在写作过程中，高老师多次询问进展情况，并在百忙之中给予具体指导。感谢科研处高诚处长，他对我的科研工作给予了大力支持，对本书更是寄予厚望，让我不敢有丝毫松懈。感谢学生工作部佟怡处长，她毫不保留地向我传授自己多年的学生工作经验，鞭策我在工作中努力做到最好。感谢各院系主管学生工作的领导丁晓娟、戴军、薛文湃、张靖华、邹卫民、胡剑、王爱华、杨文杰、杜世友、冀津、葛岩，感谢同事赵文曼、邹卫民、祁志钢、周颖、张健、周宁、韩鹏、武成彬等，感谢学生李牧、李哲伦、梁德利等，拙著很多内容源自我主持或参与的多个院级、市级项目，这些课题都有同事及学生们的无私帮助和辛劳。感谢我的好友付冉、李红、刘翀等，她们总是期待着与我分享每一次喜悦，仿佛我每一次细小的进步都是她们自己的成长。感谢我在北京青年政治学院的第一位领导王丽筠老部长，尽管我们相处只有短短的一年，她却是我走上高职教育之路的第一位领路人。最后，我要感谢我的家人，他们给了我充满爱的支持。善良的婆婆余嗣荣年近八旬，仍帮我们接送孩子、操持家务，让我完全没有后顾之忧。我的先生张家勇博士经常放下手中工作，认真而细致地阅读每一章初稿，一一提出修改意见。我可爱的儿子总是用小小的拳头给我轻轻捶背，用笑脸为我消困解乏。

未来的路还很长，我要用更大的努力回报大家的厚爱。

朱玉华

2014 年 6 月于北京